AF260374

SOCIÉTÉ D'AGRICULTURE

BELLES-LETTRES, SCIENCES ET ARTS DE POITIERS.

DES

DIVERS SYSTÈMES D'AMODIATION

ET DE LOUAGE DES BIENS RURAUX.

(Extrait des Bulletins de la Société.)

POITIERS

IMPRIMERIE DE HENRI OUDIN, RUE DE L'ÉPERON, 4

1857

SOCIÉTÉ D'AGRICULTURE

BELLES-LETTRES, SCIENCES ET ARTS DE POITIERS.

DES

DIVERS SYSTÈMES D'AMODIATION

ET DE LOUAGE DES BIENS RURAUX.

(Extrait des Bulletins de la Société.)

POITIERS

IMPRIMERIE DE HENRI OUDIN, RUE DE L'ÉPERON, 4

1857

DIVERS SYSTÈMES D'AMODIATION

ET DE LOUAGE DES BIENS RURAUX

L'agriculture est le fondement matériel de la société et de la civilisation. C'est elle qui pourvoit aux nécessités de l'existence humaine; c'est elle qui fournit la plupart des matières premières dont la transformation subvient aux besoins sociaux les plus essentiels ; c'est d'elle que Sully a pu dire sans être démenti : « Les » biens que donne la terre sont les seules richesses inépuisables, » et tout fleurit dans un État où fleurit l'agriculture. »

Toute question agricole est donc, en même temps, une question sociale. Tout progrès agricole amène forcément une augmentation de bien-être social : toute erreur capitale en agriculture est un péril pour la société. C'est la condition présente de l'humanité de tenir à la terre par un indissoluble lien ; et les générations qui se succèdent sur ce globe, dépendent du travail agricole, au point de ne pouvoir, ni progresser, ni vivre sans lui.

Il suit de là , que la bonne organisation de ce travail importe, non-seulement au progrès de l'agriculture, mais aussi au bien-être et au bon ordre public. Le choix d'un bon système d'exploitation du sol, n'est donc pas chose indifférente ; et il ne serait pas sage, il serait dangereux de trancher légèrement une pareille question.

D'autre part, on sait qu'il n'est point de règle absolument générale en agriculture. Dans son admirable fécondité, la nature n'est jamais uniforme. Les conditions topographiques, la composition et la puissance productive du sol, la température, les mœurs locales, les besoins et la législation du pays, le degré de civilisation, sont autant d'éléments qui peuvent modifier profondément la solution du problème.

Telle a été l'erreur de ceux qui ont traité *ex professo* cette matière importante : ils l'ont isolée, ils n'ont été préoccupés que d'un *produit net* à obtenir ; ils ont été frappés des beaux résultats obtenus dans *tel* pays, à l'aide de *tel* système, et ils ont donné la préférence à ce système à l'exclusion de tout autre. Mais comme on ne pouvait pas importer avec lui les circonstances locales étrangères, l'expérience faite ailleurs ne saurait être concluante pour nous.

La question reste donc entière. Etudions-la dans son ensemble ; et, surtout, ne l'isolons pas des grands intérêts sociaux qui la touchent de toutes parts. Posons d'abord les termes du problème à résoudre.

Le propriétaire d'un bien rural ne peut pas avoir d'autre but que d'en obtenir le *produit net* le plus élevé qu'il soit possible d'atteindre, sans épuiser le sol, sans amoindrir sa puissance productive, en augmentant au contraire, progressivement, sa fécondité.—Tous les économistes sont d'accord sur ce point, et c'est là, à leurs yeux, tout le problème.—Mais, à notre sens, ce n'en est que le premier terme, et cette formule doit être complétée ainsi : en poursuivant ce but, le propriétaire doit assurer le bien-être et le progrès des aides qu'il emploie, et veiller à ce que, dans l'application, le droit d'user de sa propriété conserve toute sa portée sociale.

Je n'ai pas besoin de vous faire remarquer, Messieurs, jusqu'à quel point la solution du problème peut être modifiée par cette énonciation des devoirs du propriétaire ; et vous avez déjà compris en quoi doivent laisser à désirer toutes les conclusions prises en dehors d'une préoccupation aussi capitale. Je ne suppose pourtant pas que l'on puisse me contester cette définition du but à atteindre. Jamais la question de *profit* ne peut être séparée de la question de *moralité* : l'intérêt public exige qu'elles soient toujours réunies.

« L'accroissement du *produit net* aux dépens du *produit brut*, » dit Sismondi, est souvent une grande calamité nationale. Si le » propriétaire d'un terrain soumis à la culture la plus savante et » la plus dispendieuse, a loué ce terrain 100 écus, quoique son » produit brut en vaille 1,000 ; s'il trouve ensuite qu'il en reti- » rera 110 écus en le laissant en friche, et en le louant sans frais » pour la vaine pâture, il renverra son jardinier ou son vigneron, » et gagnera 10 écus ; mais la nation en perdra 890. Elle laissera

» sans emploi et par conséquent sans profit tous les capitaux
» employés à faire naître cette production si abondante ; elle lais-
» sera sans travail et par conséquent sans revenu tous les journa-
» liers dont le produit représentait les labeurs. » M. Ganilh
trouve cette argumentation hypothétique et traite une pareille
supposition de chimérique. La vérité est que cette supposition
s'est réalisée en Angleterre, en Ecosse, en Irlande. Le 5 avril 1846,
O'Connell établissait, à la chambre des communes d'Angleterre,
que, depuis dix ans, dans le seul comté de Tipperary, 150,000
paysans avaient été expulsés par les tenanciers des terres qu'ils
cultivaient. Il a cité un M. Gerrard, qui, à partir de 1842, refusa
de recevoir ses fermages, afin d'avoir un motif de changer l'amodiation de sa propriété. En vain, tenanciers et sous-tenanciers le
supplièrent de laisser les choses sur l'ancien pied ; il refusa son
argent. Enfin un arrangement fut conclu : on convint que les
choses resteraient dans le *statu quo* jusqu'en février 1846. L'époque fatale arrivée, on essaya inutilement de changer la résolution
de M. Gerrard : à l'aide de la force publique, il expulsa au milieu de l'hiver toute la population de ses terres, et, pour lui ôter
la possibilité et l'espoir d'aucun retour, il fit raser immédiatement
toutes les habitations. 270 familles furent ainsi jetées sur le pavé,
sans état, sans ressources, sans asile.

Cette supposition de Sismondi, si cruellement réalisée, a fait
surgir contre la théorie de Ricardo de puissants adversaires. « Il
» semblerait, dit Say, que l'homme n'est au monde que pour
» épargner et pour accumuler : » Et ce laborieux économiste
combat victorieusement l'opinion de ses adversaires. Mais il n'est
pas plus heureux qu'eux, ni mieux inspiré, quand il dit : « Pro-
» duire et consommer, voilà le propre de la vie humaine. » Augmenter les besoins de la classe laborieuse, lui en créer de factices,
de dispendieux, c'est la conduire aux privations et à la famine par un
autre chemin ; c'est la pousser fatalement à la démoralisation.

Nous n'avons pas à nous occuper ici de ces discussions à propos
du *produit net* ou du *produit brut* : ainsi isolés, les deux systèmes
sont également funestes. Il nous suffit d'avoir justifié par un
exemple la nécessité de faire intervenir dans la solution du problème qui nous occupe, les considérations morales en même
temps que les considérations purement économiques.

On le voit donc, pour atteindre le but que nous venons de
définir, il faut savoir résister à des entraînements contraires. Si

vous accordez trop à l'ambition de forcer le *produit net*, vous n'y parviendrez qu'au détriment du sol, que vous appauvrirez, de vos aides, que vous affaiblirez, que vous pressurerez. Si vous ménagez trop le sol, si vous ne demandez pas à vos aides tout le service que vous avez raisonnablement le droit d'en attendre, le produit sera minime ou nul, et il restera soit dans votre sol, soit chez vos agents, une force productive inutilement stérilisée. Quant à l'intérêt social, il souffre dommage dans l'un et dans l'autre cas. Produire en améliorant les agents de la production ; améliorer la condition des agents producteurs en les obligeant à produire tout ce qu'ils peuvent produire : tels sont les termes inséparables de ce difficile problème. Ils excluent à la fois et les dépenses mal combinées, et les économies injustes ou mal raisonnées. Dépenser tout ce qu'il faut, mais rien que ce qu'il faut ; c'est là une règle absolue et qui ne souffre nulle part d'exception.

« De toutes les professions, dit Schmalz, l'agriculture est celle
» qui peut le mieux nous faire voir que les grands bénéfices se
» composent d'un grand nombre de petits gains, et combien
» de pertes et de grandes pertes peuvent être prévenues par les
» soins apportés à des détails que l'on pourrait regarder comme
» minutieux ! »

Toute exploitation suppose :

1° Une bonne direction ;

2° Des capitaux suffisants ;

3° Des aides ou travailleurs.

L'agriculteur qui dirige une exploitation doit joindre à la connaissance pratique du métier toutes les connaissances relatives à l'art. Il lui faut de l'intelligence, du jugement, de la prudence, l'amour du travail, des habitudes d'économie, la vocation agricole enfin.

Le capital dont il dispose doit être suffisant pour pourvoir à la bonne organisation des nombreux services d'une exploitation rurale et pour les mettre et les entretenir en activité.

Les aides doivent avoir de la probité, de la moralité, de l'intelligence et la force physique nécessaire pour résister à la fatigue des travaux agricoles, si pénibles, la plupart.

Si telles sont, en effet, les conditions générales et nécessaires de toute bonne exploitation du sol, et si l'on a eu raison de dire que *jamais la terre n'est bien cultivée que par des mains fortement stimulées à en arracher tout ce qu'elle peut rapporter ;* ne semblera-t-il pas hors de toute contestation que l'exploitation du sol par le propriétaire lui-même est le meilleur mode qui se puisse imaginer? Oui, sans aucun doute, s'il a les connaissances exigées de tout agriculteur dirigeant.

Un homme dont les connaissances agricoles ne sauraient être contestées, Sinclair, s'est prononcé, pourtant, d'une manière absolue, contre l'exploitation par le propriétaire. Il affirme qu'en Amérique, où les terres ne sont jamais louées, les propriétaires en abusent presque toujours et les épuisent rapidement. Il trouve qu'ils sont moins pressés que les fermiers de vendre leurs denrées, et que leur attention est distraite par d'autres occupations.

L'exemple de l'Amérique ne saurait nous être opposé. On sait que, dans cette contrée, la population n'est pas encore en rapport avec l'étendue du sol, et qu'il est impossible, par conséquent, que la culture y suive toujours une marche régulière. Et quand il serait vrai que certains propriétaires abusassent de leur sol, serait-ce une raison pour supprimer la propriété? Mais cet inconvénient qui, dans tous les cas, n'est ici qu'exceptionnel, car il est en opposition avec l'intérêt du propriétaire, nous le retrouvons d'une manière presque générale dans le système du fermage, où il est d'accord avec l'intérêt du fermier. Si l'on proscrit l'exploitation du propriétaire à cause des abus individuels et locaux que ce système ne comporte pas, que faudra-t-il donc dire du fermage qui sollicite constamment le fermier à abuser parce qu'il lui présente dans l'abus des profits sans aucune chance de perte?

Non, ce reproche n'est pas fondé, et l'on ne peut sérieusement contester que le propriétaire, s'il a les qualités requises pour diriger un établissement agricole, s'il connaît le métier, s'il a du goût pour l'agriculture, s'il est laborieux, économe, prudent, s'il s'astreint à la résidence, pourra mieux que personne résoudre le problème dont nous cherchons la solution.

Le produit de la terre doit subvenir au payement de la rente du propriétaire, au remboursement des avances et profits de l'exploitant, au salaire des ouvriers. Le propriétaire qui exploite lui-même, n'a à distraire du *produit brut* que le salaire de ses aides et le remboursement de ses avances : le *produit net* sera donc plus élevé pour lui. Il disposera toujours de plus de capitaux, il aura toujours plus de crédit qu'un fermier. Il sera d'autant plus porté à améliorer le sol qu'il profitera seul de toutes les améliorations.

Il aura d'autant plus de ménagements pour ses aides qu'il a plus d'intérêt que qui que ce soit à se les attacher. Il se tiendra d'autant plus en garde contre la tendance à abuser de ses droits de propriétaire que de pareils abus compromettent l'ordre social, auquel les liens mêmes de la propriété le tiennent plus étroitement uni qu'aucun autre. En un mot, personne n'est plus stimulé que le propriétaire à faire produire au sol tout ce qu'il peut produire, en améliorant à la fois et le sol lui-même et la condition des agents de la production. Donc l'exploitation par le propriétaire est avantageuse à la fois, à lui-même, au sol, aux travailleurs agricoles, au progrès de la culture, au bon ordre social.

Adam Smith, malgré ses préventions contre l'exploitation du sol par le propriétaire lui-même, ne peut pas méconnaître les avantages de ce système. « A égalité de soins et de prudence, » dit-il, les terres cultivées par un fermier s'amélioreront nécessairement avec plus de lenteur que celles cultivées par les mains » du propriétaire, par rapport à la grosse part du produit qu'emporte le fermage et que le fermier aurait employée en autant » d'améliorations nouvelles, s'il eût été propriétaire. D'ailleurs, » l'état d'un fermier est, par la nature des choses, au-dessous de » celui de propriétaire. »

Je ne pense pas qu'il soit nécessaire d'insister sur ce point. Il est évident que l'exploitation directe du sol, c'est-à-dire la concentration dans les mêmes mains de tous les droits et de tous les devoirs du propriétaire, doit être vivement encouragée, parce que, mieux qu'aucun autre système, elle répond aux nécessités de l'ordre social.

Mais les propriétaires de biens ruraux n'ont pas toujours les goûts, les connaissances, les qualités qu'exige une telle occupation. Trop souvent, ils préfèrent le séjour des villes à celui de la campagne, et leurs revenus, absorbés presque en totalité par les exigences du luxe, ne suffiraient plus à pourvoir aux exigences d'une bonne culture. D'autres se consacrent au service du pays et poursuivent la carrière des charges publiques. Souvent l'obligation de pourvoir à l'administration d'une grande fortune, ou la nécessité plus pressante encore de multiplier par l'industrie les ressources insuffisantes d'une fortune médiocre, ne permettent pas de consacrer à la direction d'une exploitation rurale une attention exclusive et des soins permanents En de semblables circonstances, un administrateur salarié, un intendant, un homme

d'affaires, un régisseur peut-il remplacer utilement le propriétaire?
— En thèse générale, il faut répondre : Non.

Nous l'avons déjà dit, personne ne travaille avec autant d'activité pour le compte d'autrui que pour soi-même. En supposant à un régisseur toutes les connaissances et toute la probité désirables, il est impossible qu'il ne se laisse pas aller à quelque forcement de dépenses dans l'espoir d'augmenter les produits et de s'en faire honneur; il est impossible qu'il se tienne toujours renfermé dans les bornes gênantes d'une rigoureuse économie; il est impossible que son attention reste constamment tendue vers les petits gains et vers les moindres épargnes, qui finissent par former les gros bénéfices; il est impossible qu'il ait toujours pour les agents qui lui sont soumis la même bienveillance que le propriétaire lui-même; il est impossible que cette bienveillance, quand elle existe, ne dégénère pas en laisser aller. D'ailleurs, il faut pourvoir à la solde et à l'entretien du régisseur et de sa famille, et le produit net en est diminué d'autant.—Nous estimons donc que l'exploitation par régisseur doit être écartée.

Dans la *Maison rustique du* XIXᵉ *siècle*, M. A. Bella exprime une opinion opposée : il pense que la régie peut devenir pour notre agriculture une grande source d'améliorations. Mais il y met pour condition la rédaction d'une sorte de cahier des charges, clauses et conditions obligatoires pour le propriétaire. « Sans un » contrat établi sur les bases qui viennent d'être indiquées, dit-il, » il n'y a et ne peut y avoir aucune chance de succès. » Or, un pareil contrat, ce n'est plus la régie, c'est un bail à ferme d'une forme étrange, ou mieux, une sorte de forfait qui ne laisse plus au propriétaire sa liberté d'action et qui offre tous les inconvénients du contrat de louage sans en avoir les avantages. Nous ne pensons pas qu'un pareil système obtienne jamais une grande faveur.

Cependant, il est des hommes, et nous en connaissons, qui joignent à une rare délicatesse de sentiments un goût décidé pour l'agriculture et des connaissances spéciales variées et étendues. S'il se rencontre de grands propriétaires qui, voulant contribuer par leurs exemples au progrès agricole et ne pouvant s'astreindre à suivre eux-mêmes les détails d'une exploitation, leur confient l'administration d'une grande terre, tout en conservant la direction suprême de l'entreprise, les uns et les autres rendront certainement de grands services à la science agricole. — A Dieu ne plaise que nous ayons la pensée de décourager de semblables desseins. Disons-le bien haut , au contraire : la reconnaissance publique doit accueillir et encourager d'aussi nobles efforts , car, pour ceux qui les tentent, il s'agit bien moins de profits à réaliser que de services à rendre à l'agriculture. Quand ils se livrent au dispendieux essai des divers systèmes , quand ils importent des instruments perfectionnés, quand ils cherchent à acclimater et à vulgariser parmi nous les races perfectionnées d'animaux étrangers, ils élargissent les horizons de la science agricole, et ils plantent bien loin en avant de nous des jalons que la masse des cultivateurs n'atteindra que beaucoup plus tard, mais qui lui auront servi de point de mire en guidant infailliblement sa marche dans les voies du progrès.

Mais le nombre des propriétaires qui peuvent se livrer utilement à l'exploitation du sol sera toujours fort restreint, et la régie ne sera jamais qu'une exception d'une application bien plus rare encore. Ce ne sera donc que par un mode quelconque de louage ou d'amodiation que l'on pourra, le plus généralement, tirer parti des domaines ruraux.

Ici nous entrons, Messieurs, au cœur même de la question sur laquelle j'ai cru devoir appeler votre attention. Quel est le meilleur système d'amodiation ? En d'autres termes, comment, dans les circonstances locales au milieu desquelles nous vivons, faut-il amodier un bien rural qu'on ne peut pas ou qu'on ne veut pas cultiver soi-même, pour en tirer le *produit net* le plus élevé sans abuser de la propriété et sans manquer aux devoirs du propriétaire ?

Les différents modes de location des terres peuvent se diversifier à l'infini ; mais on peut les réduire tous à deux systèmes : le *bail à ferme* et le *colonage partiaire* ou *métayage*.

Le premier est la cession faite par le propriétaire, moyennant un prix déterminé et pour un temps fixé, du droit d'exploiter son domaine. Les jurisconsultes font tous remarquer qu'il y a une grande analogie entre ce contrat et la vente : *Locatio et conductio proxima est emptioni et venditioni*. C'est, en effet, une aliénation partielle et temporaire, mais réelle, de certains droits du propriétaire. La plupart des économistes donnent sans hésiter la préférence à ce système. « C'est évidemment, dit M. H. Passy,
» celui dont les conditions peuvent le mieux se concilier avec les
» intérêts véritables de la production. » Les motifs de cette opinion sont habilement développés par lui dans le *Dictionnaire de l'économie politique ;* ils se résument ainsi :

1° Le fermier est libre de choisir la culture la plus productive;

2° Il est incité à tirer de la terre tout ce qu'elle peut rapporter.

Mais ce ne sont pas là des avantages spéciaux au mode de location à prix certain. Est-ce que, dans le colonage partiaire, le propriétaire et le colon ne sont pas libres aussi? Est-ce que leur intérêt commun n'est pas de produire le plus possible? Sans doute, l'un et l'autre, pris isolément, sont moins libres que le fermier, parce qu'ils ont un associé. Mais la question n'est pas dans la liberté absolue et théorique; elle est dans la liberté utile et pratique : or, le colonage partiaire n'exclut pas cette liberté-là. On objecte, il est vrai, les tiraillements possibles entre le propriétaire et le colon. Ces tiraillements ne sont pas inévitables; mais, quand il y aurait là un inconvénient, serait-il plus grave que celui d'une liberté sans contrôle efficace? Les abus inévitables de cette liberté sont-ils moins désastreux que la restriction même abusive de la liberté? Il ne le faut pas croire; car, si les entraves à la liberté de produire diminuent le chiffre de la production, les abus de la liberté de produire tarissent radicalement les sources de la production.

Quant aux inconvénients de ce mode de culture, M. H. Passy les résume ainsi :

1° Il n'intéresse pas suffisamment les propriétaires aux améliorations dont les frais réclament leur concours ;

2° Il ne permet aux fermiers que celles dont les fruits se recueillent en peu de temps ;

3° Il les excite soit à négliger, soit à épuiser les terres.

« Ces inconvénients sont réels, dit-il, et il n'est pas possible » de les écarter complétement. Il est toutefois un remède d'une » efficacité marquée, c'est l'extension de la durée des baux. »

Il nous semble que voilà une réfutation formelle de la préférence absolue donnée au bail à ferme ; car si les inconvénients en sont réels, le remède indiqué par M. Passy n'est qu'un palliatif qui recule, sans les résoudre, certaines difficultés, et qui ne fait qu'aggraver les autres. Il y a là, en effet, des intérêts opposés qu'il est impossible de concilier dans la pratique.

Nous pouvons donc prendre dès maintenant les conclusions suivantes :

1° Les avantages que l'on suppose au bail à ferme ne lui sont pas exclusivement propres, et le colonage partiaire bien appliqué peut les offrir également ;

2° De l'avis même de ceux qui le préconisent, les *inconvénients qu'il présente sont réels et il n'est pas possible de les écarter complétement.*

Mais pour savoir au vrai ce que nous devons penser du bail à ferme, il faut en comparer les conditions essentielles avec les termes du problème qu'il est question de résoudre. Or, il nous semble évident qu'après le mode d'exploitation en régie, le système du fermage à prix certain est celui qui tend le plus à s'éloigner du but.

De même que le régisseur, le fermier doit prélever pour ses soins et peines et pour l'entretien de sa famille un haut salaire. Il faut qu'il y joigne encore l'intérêt de ses avances et un dédommagement provisionnel pour les circonstances fortuites, défavorables dont il reste chargé. D'où il suit que, dans ce système, les frais de production sont grevés de charges plus lourdes que dans les autres, la régie exceptée. Aussi M. Schmalz, professeur de droit public à l'université de Berlin, estime-t-il que le prix de fermage qui revient au propriétaire ne doit pas dépasser 2/5 du produit brut. Le colonage partiaire, qui donne au propriétaire la moitié de ce même produit brut, est donc bien plus fructueux pour lui.

On répond à cela, nous le savons, que le fermier est incité plus vivement que tout autre à tirer du sol tout ce qu'il peut produire. Q'importe ce surcroît de production, s'il ne profite pas au propriétaire, et s'il n'est acquis qu'au détriment de la force productive du sol et aux dépens du bien-être des travailleurs? Cette dernière considération mérite qu'on s'y arrête.

Obligé de payer annuellement et à échéance fixe un prix de ferme déterminé à l'avance ; obligé de pourvoir beaucoup plus dispendieusement que le colon à la nourriture et à l'entretien de sa famille, et dépensant ainsi sans grand profit pour la production une part notable du produit brut; obligé de prévoir certains mécomptes très-fréquents en agriculture et souvent désastreux ; obligé de se préoccuper des nécessités de son avenir qu'un bail à ferme ne peut assurer en aucune sorte, le fermier est poussé fatalement à économiser sur les salaires qu'il paye et à exiger de ses aides la plus grande somme possible de travail. Il est conduit à cette rigueur par la nature même de son contrat, et il est facile de se convaincre qu'il n'en saurait être autrement.

Nous avons dit, d'après Schmalz, que le produit brut d'un

domaine affermé se répartit ainsi : 2/5 au propriétaire, 3/5 au fermier. Dans les localités où la concurrence est très-grande, la part qui reste au fermier est souvent réduite à la moitié. Or, elle doit subvenir : 1° à la nourriture et à l'entretien de sa famille ; 2° à l'entretien des bâtiments, clôture, fossés, etc. ; au paiement de l'impôt ; 4° à la nourriture des animaux ; 5° à l'acquisition des semences, des engrais, des amendements ; 6° à l'entretien des instruments et du mobilier agricole ; 7° à l'intérêt des sommes avancées ; 8° au salaire des ouvriers. De toutes ces dépenses, aucune ne peut être réduite, ne peut être marchandée sans dommage pour le fermier ; aucune, si ce n'est le salaire des travailleurs. Il est donc évident que ce sera surtout de ce côté qu'il cherchera à réaliser des économies, et que le bien-être des ouvriers agricoles en souffrira.

Dans ses *recherches sur l'économie politique*, Stewart distingue deux sortes d'agricultures : l'une, qui ne fournit que la subsistance des cultivateurs et n'est d'aucun profit pour la société : il l'appelle *abusive* ; l'autre, qu'il appelle *utile*, produit non-seulement la subsistance des cultivateurs, mais aussi celle de toutes les autres classes de la société. A combien plus forte raison ne pourrait-on pas appeler *abusif* un système d'exploitation qui est amené fatalement à prélever une *dîme* sur le salaire de l'ouvrier, à restreindre sa subsistance au-dessous du nécessaire, et à abuser à la fois et des forces de l'homme et de la fécondité du sol ?

En amodiant un bien rural moyennant un prix certain, le propriétaire se dépouille pour un temps déterminé de ce qu'il y a d'*utile* dans la propriété : il n'est plus, en quelque sorte, qu'un rentier. Il devient indifférent à la bonne tenue du domaine, aux incidents de la culture, aux améliorations agricoles. Il n'a d'autre préoccupation que de pourvoir à la sécurité du paiement de sa rente, et de prévenir, autant qu'il le peut, les dilapidations et la détérioration du sol. La défiance, tel est le sentiment dominant chez lui, et ce sentiment l'excite à entourer le fermier d'entraves. Que peut devenir le progrès cultural dans une pareille situation ? Tout progrès suppose une raisonnable liberté et une grande sécurité. Mais la liberté du fermier, c'est une menace perpétuelle pour le propriétaire ; la sécurité du fermier, c'est le dépouillement plus absolu encore du propriétaire. Comment concilier ces intérêts opposés ? Comment faire cesser cet antagonisme né des entrailles mêmes du contrat ? — Il faut, dit-on, prolonger le durée des

baux.—Très bien , pour le fermier ; mais pour le propriétaire ?...
Je comprends que plus on transmettra au fermier des droits du
propriétaire , plus on allongera pour lui la période de jouissance
de ces droits , et plus le fermier aura de sécurité et de liberté ;
mais, encore une fois , que deviendra le propriétaire ?

Les économistes qui ont abordé cette importante question semblent ne considérer le propriétaire que comme un inconvénient. A
les entendre, on dirait qu'il n'est rien autre chose qu'une sorte de
fiction légale destinée à justifier l'existence du fermier. Il est évident qu'il n'y aurait pas lieu au contrat de louage , si le droit de
propriété n'existait pas. Adam Smith pousse si loin cette préoccupation , qu'avouant , malgré lui , l'antagonisme inévitable entre le
bailleur et le preneur dans la location à prix certain , il prend
parti pour le fermier contre le propriétaire. « Les propriétaires
» des terres, dit-il , étaient anciennement les législateurs dans
» chaque coin de l'Europe. Aussi les lois relatives aux biens-fonds
» furent toutes calculées sur ce qu'ils supposaient être l'intérêt
du propriétaire. » Nous nous demandons , quant à nous , ce que
pourrait être une législation relative à la propriété, si elle ne sau-
vegardait pas l'intérêt du propriétaire, si elle ne lui assurait pas le
droit de céder à un autre tout ou partie de sa jouissance , à telles
condition que bon lui semblera, sans autres restrictions que celles
qui sont d'ordre public. On a peine à comprendre que des économistes, si prononcés à l'endroit de la liberté absolue des transac-
tions , réclament une exception à propos du contrat de louage le
plus essentiellement libre de tous , et qu'ils invoquent l'intervention de la loi pour limiter le droit du propriétaire en faveur de
nous ne savons quelles prétentions à une jouissance parasite.

Scialoja va plus loin encore dans cette voie : il condamne la
location à prix déterminé aussi bien que le colonage partiaire, et
il ne voit de progrès social et de progrès agricole possibles, que si
le propriétaire consent à se dépouiller absolument de la propriété ,
utile, *dominium utile*, pour ne conserver que la propriété directe,
dominium directum. Il veut qu'une association de cultivateurs
achète au propriétaire , moyennant une rétribution annuelle, l'u-
sage de la terre pour la cultiver en commun. « L'emphytéose de-
» vra donc reparaître, dit-il , dans les codes qui l'ont abolie en
» haine de la féodalité, dont ils ont cru qu'elle dépendait, et elle
» conciliera la culture la plus avantageuse avec le morcellement du
» sol, en y attirant l'emploi des capitaux réunis par l'association. »

Avec toutes ces théories, nous arrivons à ce résultat assez inattendu, qu'après avoir déclaré le propriétaire inhabile à exploiter le sol, les économistes affirment que le fermier ne peut l'exploiter à son tour qu'autant qu'il disposera de tous les droits du propriétaire. S'il en est ainsi, autant vaudrait engager le propriétaire à se débarrasser de ce titre si pernicieux, paraît-il, pour le progrès agricole. Il est vrai qu'il serait difficile, peut-être, de trouver acquéreur à de telles conditions.

Mais ces opinions spéculatives ont bien d'autres inconvénients que leur inconséquence. Elles viennent en aide, plus qu'on ne croit, aux écoles subversives de l'ordre social, qui prétendent que *le sol du pays est la propriété commune ; et que tous ont le droit de diriger la production du sol dans le plus grand intérêt de tous* (1).

Et remarquez, Messieurs, que le propriétaire qui concède, moyennant un prix certain, la jouissance de son domaine, n'aliène pas seulement les avantages matériels attachés à la possession du sol, il se dépouille encore de la plupart des avantages moraux qui ressortent de la propriété, et il fait perdre à la société la meilleure part des bénéfices qu'elle doit retirer de l'intervention du propriétaire.

La terre cultivable est une grande occasion de travail : le sol fournit la matière de travaux multipliés, pénibles, peu rétribués, mais pourtant fort recherchés, parce qu'ils sont à la portée du plus grand nombre, et surtout parce qu'ils sont une nécessité pour le plus grand nombre. Le peuple des cultivateurs n'est pas un peuple fainéant. Ce qui le touche, ce n'est pas tant ce qu'on lui donne que ce qu'on lui donne à gagner. Du travail ! voilà sa grande ambition : parce que le travail est toute sa fortune ; aussi mesure t-il son estime sur la quantité de travail qu'on lui donne. Si un paysan veut vous donner une idée du grand cas qu'il fait du propriétaire son voisin, il vous dira : « C'est un brave homme : il fait beaucoup travailler. »

La dispensation du travail est donc, dans les campagnes, et la plus impérieuse de toutes les nécessités et le plus puissant de tous les moyens d'influence. On voit que cette question touche à l'un des redoutables problèmes qui ont été évoqués récemment. On a réclamé un prétendu *droit au travail ;* et ç'a été folie chez les uns, crime chez les autres. Mais si la solution que voulaient imposer à la société des insensés ou des malfaiteurs était fausse ou farouche,

(1) *Dictionnaire politique,* édité par Pagnerre, p. 41.

le problème n'en subsiste pas moins ; et de sa solution dépendent l'ordre et la tranquillité publique. Ce problème, c'est pour les uns la nécessité du travail, pour les autres le devoir de dispenser le travail dont l'occasion est en leurs mains. Or, la nécessité du travail est inévitable, permanente. Si le devoir de dispenser le travail s'accomplit mal ou ne s'accomplit plus, la société est en péril, et le champ est ouvert aux plus violentes entreprises.

Le système des locations à prix certain a le résultat doublement malheureux de diminuer les occasions de travail, et de faire perdre une grande partie de leur utilité sociale à celles dont il dispose. — Il diminue les occasions de travail, et parce qu'il ôte au propriétaire l'envie et la possibilité de faire des améliorations foncières, et parce qu'il force le fermier à se renfermer dans la limite des dépenses strictement nécessaires pour obtenir du sol son produit habituel. Il ôte au travail la meilleure part de son efficacité sociale, parce qu'il supprime l'intervention du propriétaire, et parce qu'il substitue à l'influence de ce dernier l'influence du fermier, ordinairement moins éclairée et moins civilisatrice.

Or, en effaçant presque complétement le propriétaire, en lui fournissant le prétexte de s'affranchir du devoir de dispenser le travail agricole, en lui faisant perdre une influence plus favorable qu'aucune autre aux saines doctrines sociales, en mettant l'antagonisme entre les détenteurs du sol et ceux qui le cultivent, en rendant presque partout la condition de ceux-ci plus mauvaise, le bail à prix certain a contribué plus qu'on ne se l'imagine à répandre dans les campagnes toutes ces idées funestes qui sont une perpétuelle menace pour l'ordre public.

A tous les inconvénients que je viens de signaler, il faut en ajouter un autre qui est bien de quelque importance : c'est la difficulté de trouver des fermiers. — Il ne faut pas perdre de vue que les économistes qui recommandent le bail à ferme ne le font qu'en faveur des *gros et riches fermiers* : ce sont les expressions d'Adam Smith. Mais où trouve-t-on les gros et riches fermiers ? Chez nous, et dans les quatre cinquièmes de la France, le fermier est un cultivateur illettré, rivé aux anciennes habitudes, rebelle à toute idée d'innovation, répugnant à essayer les instruments perfectionnés et les races nouvelles, n'entendant guère parler du progrès agricole et ne sachant pas davantage ce que c'est. Il n'est pas, je crois, nécessaire de s'enquérir s'il sait faire la distinction des capitaux : en fait de capital, il n'a pas, en général, au delà de ce qui est nécessaire à son entretien jusqu'à la récolte prochaine. Cette récolte, il faut qu'elle subvienne à tous les frais qu'elle occasionne ; de sorte qu'il est presque toujours vrai de dire que le fermier *mange ses blés en herbe.* Si, le fermage payé, il reste quelque excédant de produit, il achètera quelque morceau de terre où s'en ira la meilleure part des engrais du domaine ; si la récolte est médiocre, il paye mal ; si elle est mauvaise, il ne paye pas du tout. Et comme les prix de ferme, grâce à la concurrence, sont très-élevés, eu égard à l'état arriéré de la culture, les cas de non-payement sont assurément fort nombreux ; alors on résilie, et l'on change, l'un de fermier, l'autre de domaine. — Non, nous n'avons pas de fermiers, tels, du moins, que les ont rêvés les économistes.

Je sais qu'on va me citer l'exemple de l'Angleterre, de la Belgique et du nord de la France. Là, le système de location à prix certain se trouve en effet en regard d'une situation agricole prospère. Mais ce progrès est dû aux circonstances locales, et non pas au système de louage. Mais, dans ces contrées, la culture est facile, le sol fertile, les capitaux abondants, la population nombreuse à l'excès, les débouchés toujours assurés. Mais en regard de ce progrès agricole se montre la hideuse plaie du paupérisme, qui ne justifie que trop ce que nous venons de dire des conséquences sociales de ce mode d'exploitation du sol. S'il est vrai que *tout fleurit dans un État où fleurit l'agriculture*, on sera bien obligé d'avouer que ce progrès tant vanté est en défaut en présence d'une population qui meurt de faim.

Et puis, il faut bien le reconnaître, les importations de fermiers anglais et les tentatives des fermiers savants, n'ont pas été heureuses autour de nous. M. de Dombasle avait bien raison de le dire : « La science n'apportera pas à une entreprise agricole de » grandes chances de succès, et elle peut être quelquefois fu- » neste. » Le sol ne se transforme pas en un jour : c'est une question de temps et de pratique autant que de science. On peut lui faire parcourir plus ou moins rapidement les étapes qui mènent au progrès ; mais il faut qu'il passe par toutes. A moins de circonstances exceptionnelles, le système anglais ne donnera pas, de longtemps, chez nous, les mêmes résultats qu'en Angleterre. Etudions et imitons ce système en ce qu'il a d'applicable à notre sol, à nos mœurs, à nos besoins ; mais ne nous en faisons pas les imprudents et serviles copistes. Si nous voulons absolument des fermiers, sachons les former chez nous et pour nous. Pour atteindre ce résultat, rien ne nous servira mieux que le colonage partiaire.

On appelle colonage partiaire un système de location sous la condition d'un partage de fruits. Ce contrat s'appelle aussi *métayage*, parce que, le plus ordinairement, le partage a lieu par moitié.

. Ce mode d'exploitation est généralement réprouvé par les économistes et par les savants agriculteurs. Le seul avantage qu'ils lui connaissent, c'est d'être une *amélioration* eu égard à la corvée. A leurs yeux, le colon partiaire n'est rien autre chose qu'un serf affranchi qui porte encore un bout de chaine. Il est à la merci du propriétaire, il résiste à toute pensée de perfectionnement, il est ignorant, opiniâtre, paresseux; tel, enfin, que nos pauvres fermiers, dont il est en définitive le frère. A entendre les auteurs de la *Maison rustique du* XIX° *siècle*, c'est le métayage qui a plongé dans la misère plusieurs de nos départements les plus fertiles. Arthur Young, Adam Smith, de Dombasle, et bien d'autres, déclarent qu'avec ce système le progrès agricole est presque impossible à atteindre. — C'est ce préjugé que nous voulons essayer de combattre.

Nous appelons tout d'abord à notre aide un adversaire même du colonage partiaire, M. H. Passy, que nous avons déjà cité. Il est plus équitable que ses devanciers à l'endroit de ce mode d'exploitation : il y reconnaît, au moins, certains avantages. Ce système établit, dit-il, une sorte d'association assez étroite entre le propriétaire du fonds et le cultivateur. Il a pour effet d'assurer, par la fixité même des conditions sur lesquelles il repose, la stabilité du sort des exploitants. En attribuant aux propriétaires une part des bénéfices résultant des améliorations, il les invite à souscrire à tous les sacrifices qu'en requiert l'obtention. De tels avantages, ajoute-t-il, méritent qu'on en tienne grand compte.

M. H. Passy reconnaît, en outre, que dans les contrées méridionales de l'Europe, le métayage agit le plus heureusement sur les cultures. Là tout fait de l'intervention active et directe du propriétaire une nécessité à peu près constante. Les récoltes doivent y être préparées de longue main; ce sont des vignes, des oliviers à planter; les terres doivent être pourvues de tout un système de travaux d'irrigation fort dispendieux. Il est évident que des fermiers ne pourraient pas entreprendre de pareils travaux, et qu'on ne pourrait pas s'en remettre à eux du soin de les entretenir en bon état.

Cette opinion de l'habile économiste que nous venons de citer mérite que nous en prenions acte. Il en résulte : 1° que le colonage partiaire offre des avantages généraux *qui méritent qu'on en tienne grand compte;* 2° qu'en certaines circonstances onéreuses ce mode d'exploitation ne peut pas être suppléé par le bail à ferme. Or, si ces avantages sont réels, et si, dans les circonstances défavorables, l'intervention du propriétaire est jugée indispensable, n'est-ce pas qu'il y a dans cette intervention une addition de force et une garantie de progrès? Si, dans les circonstances plus favorables, cette intervention est inutile pour le fermier, il n'en reste pas moins acquis qu'elle sera toujours avantageuse pour la société, pour l'agriculture, pour le propriétaire.

A côté de ces avantages, qu'il constate avec impartialité, M. H. Passy signale aussi les inconvénients qu'il reproche à ce système d'amodiation. « Le métayage, dit-il, a un vice radical,
» dès longtemps aperçu par Adam Smith, c'est la forme dans
» laquelle s'effectue le partage du revenu territorial. En attri-
» buant au propriétaire pour prix de loyer une portion fixe du
» produit brut de l'exploitation, il exclut des cultures les végé-
» taux qui réclament les plus grands frais de production, ou ne
» leur y laisse pas une place suffisante, et par là il arrête les pro-
» grès de l'art et de la richesse agricole. »

Cette critique est fondée sur une erreur de fait; à savoir, que la portion fixe sera toujours et partout la même et que la quotité n'en aura pas été déterminée par l'importance des frais prévus. Il n'en est pas ainsi. Si habituellement, et dans les contrées où les frais sont moindres, le partage a lieu par *moitié*, d'où est venu le terme de *métayage*, il est des lieux où la culture est plus onéreuse et où le propriétaire ne perçoit que les *deux cinquièmes* du produit brut et même moins ; il est des contrées plus favorisées, où le propriétaire se réserve les *deux tiers* sans que le colon en souffre dommage. Il suffit donc, pour faire disparaître cette objection, que la portion fixe soit toujours déterminée en proportion des frais de culture, ou bien, si la portion fixe reste la même, que le propriétaire compense par une addition au capital de roulement le surcroît de travail imposé au colon.

Il est incontestable que le colon aura toujours une tendance à s'exonérer d'une portion du travail qui est nécessaire pour faire produire au sol tout ce qu'il peut produire, et qu'il y a lieu ici, de la part du propriétaire , de prendre bien ses mesures pour que toute la puissance productive du sol soit convenablement utilisée. Mais cette tendance du colon correspond à une tendance contraire que M. H. Passy a reconnue lui-même chez le fermier, et qui offre des inconvénients bien plus graves : nous voulons parler de l'épuisement du sol. Or, le remède aux inconvénients de ces deux tendances est le même : il s'agit, dans les deux cas, de rédiger les conditions du bail judicieusement et avec équité. Le fermier et le colon, le colon comme le fermier sont tenus au même degré d'exécuter loyalement les clauses et conditions stipulées, et ce qui vaudra contre l'un vaudra contre l'autre. Nous nous trompons : le colonage a encore ici un avantage sur le fermage , c'est l'intervention fondée en droit du propriétaire, intervention qui est une des conditions du bail , et dont l'exercice doit toujours être réglé de telle sorte, que le mauvais vouloir ou l'ignorance du colon ne puissent entraver aucun progrès cultural. — Ainsi, de deux choses l'une : ou bien le vice radical dont parle ici Adam Smith n'existe pas, n'est pas une conséquence nécessaire du contrat de colonage, ou bien il a son analogue, plus radical encore, plus fatal dans le fermage à prix certain.

Mais il est une considération qui nous a surtout frappé à la lecture de toutes ces discussions comparatives, dont la conclusion est presque toujours favorable au bail à prix certain, c'est que la comparaison n'a été nulle part sérieusement établie. En effet, nous voyons mettre en présence, d'une part, le bail à ferme, non pas tel qu'il est en usage dans les mêmes localités, dans les mêmes circonstances où se retrouve aussi le colonage, mais tel qu'il doit être appliqué pour satisfaire aux exigences du progrès agricole, tel qu'il est appliqué par quelques agriculteurs éminents et dans des contrées où l'agriculture est arrivée déjà à la hauteur d'une science. D'autre part, on juge le colonage partiaire, non pas d'après les services qu'il rendrait s'il était appliqué dans l'esprit même d'un contrat rédigé avec une saine entente des exigences agricoles, mais d'après les usages routiniers de contrées arriérées dans lesquelles la culture offre de sérieuses difficultés, et dans lesquelles le bail à prix certain n'a jamais produit de meilleurs résultats. Il est bien évident que chercher à mettre en présence les opulents fermiers de l'Angleterre et les misérables colons du Périgord, c'est se ménager une trop facile victoire.

Il y a plus , M. H. Passy excepté , nous ne voyons pas que les économistes dont nous combattons les conclusions se soient bien sérieusement rendu compte de la portée du contrat qu'ils condamnent, ils ne le jugent que par ses abus.

Le colonage, dit Scialoja, est « une sorte de culture qui donne » à penser que la classe des agriculteurs est misérable et celle des » propriétaires insouciante. Cette espèce de culture consiste à » donner un fonds de terre à une troupe de malheureux qui le » font valoir à l'aide d'instruments qu'on leur fournit, et donnent » au propriétaire une portion du produit.» — Comment le colonage partiaire, qui exige l'intervention du propriétaire, qui l'astreint à une surveillance habituelle, peut-il *donner à penser que la classe des propriétaires est insouciante*? C'est là un reproche qui va droit à l'adresse du bail à ferme. Quant à la condition malheureuse de la classe agricole, c'est bien le cas de dire : *pauvreté n'est pas vice* ; et c'est précisément pour améliorer cette condition, que le bail à ferme aggrave, qu'il y a lieu d'admettre le travail du cultivateur pauvre à s'associer au capital du bailleur. Par suite de cette association, la terre, fécondée par les sueurs des malheureux et par les capitaux du riche, paye à l'un et à l'autre un tribut qui les moralise en les enrichissant.

Voltaire a confondu le métayage avec la petite culture ; et, bien qu'il semble le justifier, il se trompe : car il y a plus de petites fermes que de petites métairies, et le colonage partiaire n'est efficace qu'autant qu'il s'applique à un domaine de quelque étendue. Le grand seigneur de Ferney blâme avec raison les propriétaires de vouloir épargner toujours sur les avances à faire au colon ; mais quand il reproche à ce dernier de cultiver mal *parce qu'il n'a rien à perdre*, il tombe dans l'erreur. Le colon apporte un capital précieux pour lui, son travail. Quand il l'applique mal, il le perd : et Domat faisait remarquer à ce sujet que le colon est plus exposé que le fermier, puisqu'il supporte les cas fortuits, l'intempérie des saisons, et qu'il est toujours tenu au même partage.

« Le métayer, dit M. Droz, est intéressé au progrès de l'indus- » trie agricole ; mais il obtient difficilement du propriétaire les » avances qu'exigeraient de grandes améliorations ; et d'ailleurs, » son intelligence est peu développée, son instruction est nulle ; » il végète dans la misère. » — Mettez ici le mot *fermier* à la place de *métayer*, et cette appréciation sera tout aussi vraie. Donc il ne faut pas rendre les différentes formes du contrat de louage responsables de l'impuissance, de l'ignorance ou de la mauvaise foi de ceux qui les appliquent. Quand on regarde les choses à travers le prisme de pareils préjugés, on ne saurait juger sainement.

La justice et la raison veulent que l'on procède autrement. Si l'on n'entend condamner que le mode d'application du colonage partiaire tel qu'il est usité dans les pays arriérés, nous serons des premiers à y souscrire ; mais il faudra condamner aussi le mode d'application du fermage à prix certain, car, dans les mêmes circonstances, il ne produit pas de meilleurs résultats. Chez nous, par exemple, homme pour homme, le fermier et le colon se valent. Nous pourrions même avancer que le colon est généralement choisi avec plus de soin que le fermier, parce que le contrat est souscrit ici, surtout en considération des qualités de la personne, *intuitu personæ*. Aussi l'art. 1765 du Code civil ne permet-il pas au colon de sous-louer ni de céder, si la faculté ne lui en a pas été expressément accordée. Et si l'on entreprenait la statistique du progrès cultural de notre département, on trouverait que ce sont les arrondissements où domine encore le colonage partiaire qui font preuve, en ce moment-ci, de plus d'élan. Mais ce qui importe surtout, ce n'est pas de se livrer à des critiques rétrospectives, c'est de comparer les effets des deux contrats appliqués avec intelligence et bonne foi au même sol, dans les mêmes circonstances économiques et politiques. Personne, que nous sachions, n'a encore établi la discussion sur de semblables bases, sans parti pris et avec des données complétement impartiales.

Il est un préjugé qui a nui plus qu'on ne saurait dire à la cause du colonage partiaire ; c'est que les économistes et les écrivains agricoles n'ont vu en lui qu'une transformation du servage. « Aux » cultivateurs serfs des anciens temps succéda par degrés, dit » Adam Smith, une espèce de fermiers connus à présent en. » France sous le nom de *métayers*. On les nommait en latin *coloni* » *partiarii*.... Une terre exploitée par de pareils tenanciers est, » à bien dire, cultivée aux frais du propriétaire, tout comme celle » qu'exploitent des esclaves.... La dîme, qui n'est pourtant qu'un » *dixième* du produit, est regardée comme un très-grand obstacle » à l'amélioration de la culture ; par conséquent, un *impôt* qui » montait à la *moitié* devait y mettre une barrière absolue. »

Ces mots de *serfs*, d'*esclaves*, de *métayers*, de *dîme*, d'*impôt*, abusivement rapprochés, paraissent avoir décidé du sort du colonage partiaire. Est-ce à bon droit ? Nous nous permettons d'en douter, et ce système d'amodiation nous apparaît sous un tout autre aspect. Laissons donc là toute cette fantasmagorie, qui n'en impose plus à personne, et allons au fond des choses. Si le colon *a succcédé par degrés* au serf, nous autres, hommes libres, nous avons *succédé par degrés* aux esclaves : en sommes-nous moins libres, et en sentons-nous moins le prix de notre liberté ?

Le colonage partiaire est une association formée entre le propriétaire du fonds et le cultivateur pour l'exploitation d'un domaine rural. Il n'est certainement pas de contrat plus moral, plus conforme à la dignité de l'homme, aux intérêts sociaux, aux exigences du progrès agricole.

Tout ce qui tend à rapprocher les conditions, tout ce qui resserre les liens de la solidarité qui unit les hommes entre eux, tout ce qui nous incite à mettre en commun nos forces si diverses, si variées, tout cela est éminemmment moral, tout cela intéresse à un haut degré l'ordre social. Or, aucun contrat relatif à l'exploitation du sol ne supporte, à ce point de vue, la comparaison avec le colonage partiaire.

Le point de départ du bail à prix certain, c'est l'individualisme. Ici, chacun stipule pour soi. Le propriétaire veut s'affranchir de toute avance, de tout souci en ce qui concerne l'exploitation de sa propriété et se borner à en toucher la rente. Le fermier veut user de la chose à sa manière et sans contrôle, il veut jouir privativement et absolument aux lieu et place du propriétaire : voilà pourquoi il achète à forfait une jouissance temporaire. Le contrat signé, ces deux hommes n'ont plus entre eux qu'un seul point de contact nécessaire, la rente à payer par l'un et à recevoir par l'autre, c'est-à-dire une cause permanente d'antagonisme. Les liens qui les attachent au sol sont fatalement détendus : ils ne sont que provisoires pour l'un, et ils n'ont plus aux yeux de l'autre qu'une valeur contingente éloignée. Le principe de la propriété perd donc une grande partie de son efficacité sociale, et certains problèmes économiques, difficiles à résoudre en tout état de cause, deviennent alors tout à fait insolubles. Par exemple : « Lors-
» qu'une récolte extraordinaire, dit Puffendorff, fait que les vivres
» deviennent à grand marché, sans que pour cela le travail et les
» ouvrages de ceux qui vivent de leur industrie se payent moins
» que dans les années moins fertiles, on voit que les laboureurs

» ne sont guère plus à leur aise , malgré l'abondance de leurs
» grains et de leurs fruits. D'autre côté, si, dans une grande cherté
» de vivres, on ne paye pas davantage le travail des artisans que
» quand ils étaient à meilleur marché, ceux-ci ont bien de la
» peine à subsister. » — Cette difficulté, assurément fort ardue,
le propriétaire-cultivateur pourrait la pallier à l'aide de quelques sacrifices pécuniaires ; mais une fois désintéressé par le fermage, quel souci en prendra-t-? Quant au fermier , il a toujours
intérêt à la cherté des produits, puisque son prix de ferme est basé
sur une moyenne qu'il n'atteint jamais dans les années d'abondance. Il abandonnera donc la culture des grains pour se tourner
vers les produits industriels quand cette culture lui sera plus profitable.

Le colonage partiaire, au contraire, a pour point de départ la
solidarité. Si ce contrat était bien compris et judicieusement appliqué, il ferait perdre au faux socialisme sa raison d'être , en
contribuant à réconcilier des classes d'hommes qui ne peuvent
être ennemies, qu'alors que les rapports nécessaires qui doivent
exister entre elles ont été faussés. A une époque encore bien peu
éloignée de nous par sa date, mais dont le courant actuel des idées
semble nous éloigner davantage, on a beaucoup parlé de l'*association du capital, du travail et du talent*; et cette formule nous était
présentée comme la véritable solution des problèmes économiques
et sociaux qu'on agitait alors si passionnément. Or, le colonage
partiaire la réalise, cette formule, dans ce qu'elle a de légitime-
ment, de librement applicable ; car le propriétaire apporte à l'association la jouissance du fonds cultivable, c'est-à-dire l'usage du
capital immobilier, et le *capital de roulement ;* le colon vient y
joindre son *travail* personnel et celui de sa famille ; tous les deux
mettent en commun leur *talent :* l'un son talent d'expérience et
de pratique ; l'autre ses connaissances acquises par l'étude, par
les voyages, par les discussions, par les renseignements multipliés
qu'il est seul à même de se procurer sur les découvertes et les pratiques nouvelles des maîtres de la science. Ici donc , tout exclut
l'isolement, tout sollicite au bon accord et à la bienveillance réciproque : l'intervention de chaque associé a le même degré d'u-
tilité et d'importance, et pour que l'antagonisme naisse d'une
pareille situation, il faut faire violence à l'esprit et à la lettre du
contrat.

Dans ce système d'amodiation , le propriétaire se décharge des soucis quotidiens du faire valoir sans cesser de prendre intérêt aux incidents de l'exploitation du domaine, sans cesser de profiter des améliorations de toute nature, au fur et à mesure de leur réalisation. Le colon jouit du sol et des capitaux qui lui manquent pour exercer son industrie, sans être obligé de payer, quoi qu'il arrive, une rente et des intérêts élevés dont il lui serait souvent difficile de réaliser le montant : tout se borne, pour lui, à l'abandon d'une portion de la récolte, grosse ou petite, suivant le degré de fertilité du sol et les variations favorables ou funestes de la température. S'il donne beaucoup, c'est que le produit des forces associées a été abondant, et qu'il a gardé à proportion ; s'il ne récolte que peu, il n'a pas à se préoccuper de combler le déficit de la rente du propriétaire. Celui-ci épargne-t-il les capitaux, restreint-il son intervention bienveillante, néglige-t-il de renseigner son coassocié sur les circonstances qui peuvent influer sur l'augmentation des produits, ou sur le meilleur parti à tirer des forces sociales ? il verra diminuer la rente de ses capitaux et de sa terre. Le colon épargne-t-il son travail, résiste-t-il aux conseils du savoir agricole? méconnaît-il les enseignements de l'expérience et du progrès ? il en sera puni par la réduction de son salaire.

C'est ainsi que la solidarité occupe ici la place que l'égoïsme a su se faire dans le bail à prix certain, et cette solidarité est aussi complète qu'il est possible de le désirer. Que si l'on nous objecte des faits contraires et des exemples d'incompatibilité d'humeur entre tel colon et tel propriétaire, nous répondrons qu'ils ne peuvent pas être mis à la charge du contrat, puisque c'est, au contraire, en dépit de son esprit qu'ils se produisent. Il y a aussi dans la société publique et dans la société domestique de nombreux exemples de rivalité, d'égoïsme, d'antagonisme : faut-il en accuser les lois naturelles de l'ordre social et de l'ordre familial ?

Nous rencontrons encore dans le colonage partiaire un autre mérite qui est passé complétement inaperçu dans les discussions auxquelles ce système a donné lieu : c'est qu'il est une voie régulière et sûre d'accession au bien-être et à la propriété.

Si nous avions besoin d'apprendre comment on se ruine, les annales du mode de location à prix certain pourraient nous édifier complétement sur ce sujet. Combien de fermiers ne citerions-nous pas, qui ont dépensé dans la culture du bien d'autrui des capitaux péniblement accumulés par le travail de bien des années! Combien de colons mal inspirés, trompés par le proverbe insidieux, *qui a compagnon a maître*, après avoir amassé dans le métayage un honnête pécule, sont allés l'engloutir dans un domaine loué à prix certain, cherchant ainsi dans l'isolement des forces ce qu'on leur disait être la liberté! Le colonage partiaire, partout où il sera judicieusement appliqué, nous offrira de tout autres résultats.

Voici un cultivateur intelligent, honnête, bon travailleur; sa femme est industrieuse et bonne ménagère; ses enfants, rompus dès le bas âge aux habitudes du travail, sont déjà en état de lui rendre quelques services. Mais cet homme ne possède rien au delà des ustensiles de son modeste ménage : il n'a pas de capital. En ferez-vous un fermier? Impossible. Voilà pourtant un excellent colon. Qu'il s'associe à un propriétaire possédant les qualités analogues aux siennes et disposant du capital nécessaire à l'organisation d'une exploitation rurale; il arrivera bientôt, n'en doutez pas, à capitaliser lui-même des bénéfices qui lui permettront plus tard de devenir à son tour un modeste, mais utile propriétaire; supprimez le contrat de colonage : ce cultivateur habile et heureux eût-il jamais pu être autre chose qu'un pauvre *journalier*, vivant *au jour le jour*, comme le nom l'indique, d'un maigre salaire, jusqu'à ce que l'âge et les infirmités fussent venus lui ôter la possibilité de travailler, c'est-à-dire les moyens de vivre?

Ainsi, le bail à prix certain exige, de la part de celui qui le souscrit, une certaine fortune *acquise*, une science agricole *acquise*, et puis il met alors le cultivateur en présence d'une concurrence illimitée, qui l'entraîne fatalement vers sa ruine ou le condamne à l'inaction; le colonage est basé, au contraire, sur un principe de solidarité et de protection, c'est-à-dire de secours. Il prend le cultivateur sans fortune, avec une science agricole incomplète et qui ne dépasse pas certains faits d'expérience : il utilise ses bras et sa bonne volonté; il le fait peu à peu capitaliste; il lui donne graduellement des connaissances plus élevées; il l'initie aux droits et aux devoirs de la propriété, et enfin il lui donne, non pas seulement la liberté, mais la possibilité de devenir propriétaire.

Une dernière considération, Messieurs, et je termine :

Les bras manquent à l'agriculture, dit-on; les cultivateurs désertent les campagnes. Cela est vrai, et c'est un malheur social. Mais quelle est la cause de cette désertion des travailleurs agricoles? la voici : Le travail appliqué à la culture n'est plus suffisamment rétribué, et, surtout, n'est pas uniformément réparti.

Les variations brusques et fréquentes que subit aujourd'hui le prix des objets de première nécessité, en présence d'un salaire qui demeure invariable, imposent de dures privations au travailleur agricole et le mettent dans l'impossibilité, très-souvent, de subvenir aux besoins de sa famille. Peut-être pourrait-il en venir à bout, s'il était toujours pourvu de travail : mais il n'en est pas ainsi. Tant que dure la belle saison, le cultivateur ne manque pas d'ouvrage : mais pendant l'hiver' le travail devient rare, et n'en obtient pas qui veut. Que voulez-vous que devienne alors le simple *journalier?* Il y a un proverbe qui le dit : *Aujourd'hui sans travail, demain sans pain.* Et pourquoi donc cette absence de travail à la campagne pendant les mois d'hiver? Est-ce que le sol ne le sollicite plus? Est-ce une lacune regrettable dans le plan providentiel? Serait-ce parce qu'il n'est plus aussi fructueux à cette époque? Rien de tout cela n'est vrai.—Le travail manque à la campagne pendant la morte-saison, parce que celui dont le sol est alors l'occasion, est principalement du ressort du propriétaire et s'accomplit surtout à son profit. Mais le propriétaire qui afferme son domaine n'a plus qu'un intérêt fort éloigné à l'amélioration du sol; il ne s'en préoccupe plus et n'y consacre aucune ressource. Si donc les bras manquent à l'agriculture, c'est que les bourses lui ont fait défaut les premières. Si les travailleurs désertent les campagnes, c'est que les propriétaires les ont abandonnées depuis longtemps.

Cette considération mérite assurément de fixer l'attention, car il y a là une solution que l'on cherche inutilement ailleurs. Si on trouvait le moyen d'assurer au travailleur agricole du travail pour chaque jour, on lui aurait assuré en même temps son pain quotidien : la mendicité serait abolie dans les campagnes, parce que l'indigence en aurait été bannie, et les indigents n'afflueraient plus dans les villes. Or, cela dépend du système d'exploitation qui sera adopté. Si le propriétaire exploite lui-même ou s'il s'associe à l'exploitation et qu'il y intervienne par ses capitaux et par un bienveillant concours, le travail revient dans les campagnes, et avec lui l'aisance, et avec le travail et l'aisance le travailleur. Tandis qu'au système de bail à prix certain correspond le système d'absentéisme des propriétaires; et alors les bras s'en vont des campagnes, parce que le travail y diminue et qu'il n'y est plus uniformément réparti.

Que les propriétaires ouvrent donc les yeux ! Ils se plaignent de l'àugmentation du paupérisme ; ils se plaignent du manque de capitaux, du manque de bras pour l'agriculture ; et tout cela est à leur disposition : ils ont le sol, ils ont le capital, et les bras ne demandent pas mieux que d'aller à eux, pourvu qu'on ne leur impose pas de chômage, car le chômage, c'est la famine pour l'ouvrier. Il ne se peut pas trouver un meilleur emploi de la richesse acquise que de l'appliquer à l'acquisition d'une nouvelle richesse par l'agriculture. « Non-seulement, dit Adam Smith, le capital » employé à la culture de la terre met en activité une plus grande » quantité de travail productif que tout autre capital pareil em- » ployé en manufactures, mais encore, à proportion de la quan- » tité de travail productif qu'il emploie, il ajoute une beaucoup » plus grande valeur au produit annuel des terres et du travail » du pays, à la richesse et au revenu réel de ses habitants. De » toutes les manières dont un capital peut être employé, c'est sans » comparaison le plus avantageux à la société. »

On ne nous parlera donc plus, je l'espère, d'*esclavage* ni de *servage*, à propos du colonage partiaire. Sans aucun doute, l'homme a besoin de liberté pour être complet : il est sorti libre et fier des mains de Dieu ; le dépouiller de cet attribut essentiel, ce serait lui faire subir une *diminution de tête*, ce serait le réduire à la condition épouvantable de l'esclave romain, que Varron classait avec le mobilier agricole et qu'il appelait un instrument doué de la parole, *instrumentum vocale*. Sans aucun doute on ne peut obtenir aucun travail fructueux de *gens qui désespèrent*, et le témoignage de Pline et de Columelle nous apprend à quel point la culture du blé dégénéra en Italie quand elle fut remise aux mains des esclaves. Mais ici, les véritables esclaves, ce sont de misérables fermiers, ruinés par la folle enchère des fermages ; ceux qui *désespèrent*, ce ne sont pas les colons, assurés de recueillir toujours leur part des produits de l'exploitation commune, ce sont ces pauvres mercenaires, obligés de payer une rente qui dépasse le produit net qu'ils retirent du sol. Ce n'est pas le *vouloir* qui est la mesure de la liberté utile, c'est le *pouvoir* ; et le *pouvoir*, avec toute sa puissance, il n'est pas dans l'isolement, dans l'individualisme du bail à prix certain, il est dans l'association forte et secourable du colonage partiaire.

Si je me suis étendu sur les considérations de l'ordre moral et politique qui naissent de l'examen comparatif des deux systèmes d'amodiation, c'est qu'elles sont capitales et qu'elles ont été laissées complétement de coté par ceux qui ont écrit sur cette matière. Si maintenant nous nous rappelons les termes du problème que nous avons précisé en commençant, il nous semble hors de contestation qu'à l'aide du colonage partiaire le propriétaire peut *retirer de son fonds le produit net le plus élevé, sans qu'il soit abusé ni du sol, ni des agents de la production, ni du droit de propriété.* Loin donc de mériter la proscription que l'on fait peser sur lui, ce contrat doit être rangé parmi les plus profitables que l'on puisse consentir pour l'exploitation du sol.

CONCLUSION.

Aucun système rationnel d'exploitation du sol ne doit être proscrit, parce que tous répondent à des situations, à des exigences qui sont de l'essence même de l'ordre social.

Si le propriétaire possède les connaissances et les qualités qui font le bon agriculteur, s'il a du goût pour ce genre d'occupation, s'il veut s'y livrer sérieusement, qu'il cultive lui-même. Au point de vue de l'intérêt social, de l'intérêt du propriétaire, du progrès agricole, ce mode d'exploitation nous paraît être le meilleur, le plus conforme à la nature des choses.

S'il est assez riche pour faire le sacrifice qu'exige le salaire d'un régisseur habile, et qu'il veuille se décharger sur un agent de cette nature des soins habituels qu'exige la direction d'un faire valoir, il ne devra pas compter sur un produit net très-élevé ; mais il pourra rendre de notables services au progrès agricole.

Si ses occupations ou ses goûts ne lui permettent pas de veiller à la bonne exploitation de ses domaines, s'il n'a eu en vue qu'un simple placement de fonds, s'il ne peut, s'il ne veut demander au sol qu'une rente annuelle et certaine, le bail à ferme lui offre les moyens de tirer parti de sa propriété et de se débarrasser des soucis dont elle est la cause.

Mais, si ne pouvant pas ou ne voulant pas s'astreindre à une résidence habituelle, il n'a pourtant pas d'éloignement pour les études et les occupations agricoles, s'il se sent capable de s'y intéresser, s'il peut faire quelques apparitions périodiques sur ses domaines, s'il veut y dépenser quelque argent, un peu de bon vouloir et un peu de temps, qu'il forme avec un cultivateur intelligent, laborieux, honnête, une de ces associations qu'on appelle *colonage partiaire.* Après le système d'exploitation personnelle, nous n'hésitons pas à recommander celui-là comme étant le plus profitable à la fois à la société, à la localité, à l'agriculture, au propriétaire, au colon et au sol.

26 avril 1855.

Emm. de Curzon.

NOTE

Sur les exploitations agricoles, par M. Jolly, *docteur médecin.*

Certaines questions ne peuvent être résolues d'une manière générale. De ce nombre se trouve celle dont nous nous occupons en ce moment. En effet, leur solution varie suivant une foule de circonstances. Il est vrai, cependant, qu'en rapprochant et en appréciant les faits, on peut en tirer de justes conséquences.

Notre très-honorable collègue M. de Curzon, dans un Mémoire plein de réflexions judicieuses et de considérations importantes, nous disait, dans notre avant-dernière séance, que l'exploitation à colonage partiaire devait être préférée aux autres sous plusieurs rapports.

Nous adopterions entièrement son opinion, si le propriétaire de biens faits au tiers ou à la moitié était toujours pourvu de connaissances nécessaires et de moyens pécuniaires suffisants, s'il était constamment sur les lieux, s'il pouvait surveiller toutes les opérations, si le colon voulait suivre exactement ses avis, si celui-ci était fidèle, bon agriculteur, bon travailleur, et s'il prenait à tâche de cultiver la propriété dont il jouit comme la sienne propre.

Avec de pareilles dispositions de part et d'autre, avec des qualités aussi précieuses, on obtiendrait, il n'en faut pas douter, des produits supérieurs à ceux donnés par les autres exploitations agricoles. Mais où trouver toutes ces garanties ? Elles ne se présentent que fort rarement réunies ; alors elles forment une exception, et non une règle générale.

Le plus souvent, en effet, l'exploitation à colonage partiaire tombe entre des mains infidèles, inhabiles, peu familiarisées avec les travaux agricoles ; aucune surveillance n'est exercée ; les avances utiles sont refusées par le maître. Partout se montre la négligence, dans la culture des terres, comme dans les soins des personnes et des animaux. L'industrie et le courage sont bannis de la métairie ; les produits sont réduits aux plus faibles proportions ; les progrès en tout genre sont nuls ; les bonnes méthodes de culture sont délaissées, ou elles font un pas rétrograde, parce qu'elles manquent, pour leur succès, des éléments essentiels ; les terres de bonne qualité, faute d'être bien cultivées, finissent par passer d'une classe élevée dans une plus basse ; les médiocres restent incultes ; malgré quelques infidélités commises, peut-être, envers son maître, qui croit devoir partager dans les plus petites choses, le colon ne recueille pas assez pour vivre avec sa famille ; aussitôt que la récolte est épuisée, ce qui arrive promptement, il s'appauvrit chaque jour pour subvenir aux dépenses qu'exige sa position : tout chez lui offre un dénuement complet, et il devient tout à fait incapable de remplir ses plus faibles engagements.

Voilà, il faut le dire, de graves inconvénients, qui malheureusement se montrent fréquemment, et dont les tristes effets se réfléchissent sur la société entière, en rendant plus nombreuse la classe des indigents et en favorisant ces émigrations rurales qui dépeuplent les campagnes d'habitants utiles et augmentent les populations des villes de personnes sans ouvrage : aussi doit-on chercher à prévenir ces conséquences déplorables. Quelle différence entre ces fâcheux résultats et la prospérité qui se fait remarquer dans les propriétés bien cultivées et sagement administrées ! Sans doute, entre ces deux extrêmes, il y a des points intermédiaires, nous en convenons ; mais, quelque chose qui survienne, le cultivateur à colonage partiaire ne parviendra que très-rarement, par son labeur et son intelligence, à ce degré d'aisance où l'on voit arriver souvent le fermier à prix certain. Restant presque constamment, s'il est probe et laborieux, dans une honnête médiocrité, il lui sera difficile de faire quelques économies, capables de le soutenir dans sa vieillesse et ses infirmités, sans être à la charge de ses enfants ; ce qui serait bien juste, cependant, pour le récompenser de ses longs et pénibles travaux.

Des propriétaires, frappés des graves inconvénients que nous venons de signaler, se sont déterminés à faire valoir par eux-mêmes leurs domaines : ils y sont parvenus en suivant différentes méthodes dont le choix s'est trouvé fixé par la nature des terrains :

les uns ont fait de l'agriculture en grand ; les autres n'ont opéré que sur des surfaces peu étendues. Plusieurs se sont astreints à nourrir tout le personnel de l'exploitation, ce qui occasionne beaucoup de frais et et de sollicitude : une petite partie, au contraire, désirant se débarrasser de ce soin, a préféré donner des gages plus élevés, avec une gratification dans la vente des denrées et des bestiaux : manière de faire moins pénible et moins dispendieuse, et aussi plus capable d'intéresser davantage les domestiques à l'établissement et de les rendre plus vigilants et plus soigneux.

Ces agriculteurs très-éclairés, comme beaucoup de fermiers intelligents, ont obtenu, par une culture bien entendue, de grandes améliorations et de beaux produits. Changeant en temps convenable d'assolements appropriés et employant des engrais en quantité suffisante, ils ont fait faire, depuis cinquante à soixante ans, de remarquables progrès à l'agriculture dont les populations des campagnes ont su profiter.

Mais il ne faut pas se le dissimuler, ces précieux résultats ont occasionné des frais énormes, qui dans la balance des dépenses et des recettes réduisent fortement le revenu, s'ils ne l'absorbent pas entièrement ; alors cessation de l'exploitation par le propriétaire qui, en bon père de famille, doit renoncer à toute entreprise susceptible d'entraîner la perte d'une partie de ce qu'il possède.

Que faut-il donc faire, si cette exploitation est trop onéreuse ; si le colonage partiaire, aussi lui, est sujet à beaucoup de mécomptes ?

Affermer, s'il est possible, à prix certain et à long bail, à des gens laborieux et intelligents, en fixant le montant du prix de ferme sur la qualité des terres, sur la moyenne de la production et de la valeur des céréales, sur la difficulté des cultures et sur la facilité plus ou moins grande à faire des élèves en bestiaux.

En agissant ainsi, la plus-value, pour les ventes de toutes espèces, tourne au profit du preneur qui quelquefois en a besoin pour réparer ses pertes et obvier aux contre-temps qui surviennent, soit par une cause ou par une autre.

Il sera avantageux que les fermiers garnissent eux-mêmes les objets qu'ils prennent en jouissance de tous les bestiaux et instruments aratoires nécessaires. Nous ne parlons pas des garnitures-mortes, elles sont une dépendance immédiate de la ferme et elles y restent attachées.

Si le fermier n'a pas les moyens suffisants pour remplir cette excellente condition qui est une responsabilité pour les prix de ferme, le propriétaire doit venir à son secours et lui fournir un cheptel composé de tout ce qui sera utile à l'exploitation ; dont il recevra chaque année l'intérêt légal, en l'ajoutant au prix de ferme.

Cette manière de faire, loyale pour le bailleur et le preneur, ne causera aucune perte au premier, et deviendra pour le dernier une source abondante de prospérités.

Ce genre de cheptel vaut infiniment mieux pour le fermier que le cheptel simple ou à moitié : celui-ci, tout avantageux qu'il paraît être d'abord, impose au preneur, sous une forme déguisée, un fort intérêt et une foule d'obligations. Aussi le cheptel de fer est-il préféré par les fermiers qui comprennent bien leurs intérêts.

En employant ce mode de fermage, il en résultera de grands avantages pour les parties contractantes ; car ici, pour parvenir à la solution de la question qui nous occupe, il faut prendre en considération non-seulement l'intérêt du propriétaire, mais encore celui du fermier.

Nul doute, les terres seront mieux labourées, amendées et fumées, les fermiers en ayant la jouissance pendant un long espace de temps et devant avoir la totalité des récoltes, persuadés aussi que la longueur de leur bail leur permettra de profiter de toutes les améliorations que produiront les desséchements, les défrichements et surtout les prairies artificielles. Les terrains qu'on laissait incultes, parce qu'ils ne valaient pas la peine, suivant le colon, d'être ensemencés, deviendront productifs par les bons labours et les engrais appropriés.

Tous les bestiaux seront mieux soignés ; ils ne seront employés qu'aux travaux de la ferme ; bien nourris et bien gardés, ils donneront plus de profits, les élèves seront plus nombreux et leur croît et leur conservation plus assurés.

En général, les fermiers sont plus actifs, plus laborieux, plus intelligents que les colons. Leurs travaux sont faits en temps utile. La négligence chez eux ne se montre que très-rarement. Dans la maison, comme dans les cours, les granges et les étables, règnent le plus souvent l'ordre et l'économie. Tous les membres de la famille travaillent avec courage ; ils prennent plaisir à soigner tout ce qui leur appartient, et surtout les animaux, parce qu'ils sont à eux, qu'ils en font ce qu'ils veulent, et que tout ce qu'il leur donne comme nourriture tourne entièrement à leur profit.

Les propriétaires auront moins d'embarras, de sollicitude, de déceptions et un revenu plus fixe. A la fin du bail, ils obtiendront une augmentation de prix de ferme, fondée sur les produits plus abondants et la valeur plus grande des objets affermés.

On a prétendu que le fermage à prix certain paraissait dépouiller le bailleur, durant plusieurs années, du titre de propriétaire : c'est une erreur, il nous semble ! Celui-ci ne conserve-t-il pas le droit de surveillance sur tout ce qui concerne sa propriété, susceptible d'être endommagée de plusieurs manières par le fermier qui ne remplit pas exactement ses engagements ?

D'après ces observations, nous concluons que l'exploitation à prix certain doit être préférée, le plus souvent, à toutes les autres, et surtout au colonage partiaire, comme plus lucrative, plus indépendante, plus morale, plus favorable aux progrès agricoles et au développement des heureuses dispositions du cœur et de l'esprit.

Jolly.

Sur le bail à colonage partiaire, par M. Savatier de Beauphé.

Dans la dernière réunion, la question présentée d'abord sous un triple rapport, a été réduite à ces deux chefs principaux :

Lequel du colonage partiaire ou du bail à ferme est préférable ?

Je ne cherche pas seulement à savoir si le colonage partiaire est préférable au bail à ferme, je me demande surtout lequel des deux est possible : c'est donc, suivant moi, une question de possibilité, plutôt qu'une question de choix et de préférence.

Dans la dernière séance, l'on a dit, avec raison, que dans les pays où le sol avait une certaine fécondité, l'on trouvait plus facilement des fermiers que dans ceux qui n'en avaient aucune, cela se comprend : le bail à ferme est, pour ainsi dire, un mandat donné au détriment des enfants, par le père de famille à son fermier, sous la condition de lui payer le plus qu'il pourra ; le fermage a pour conséquence inévitable d'enlever au sol la richesse qui lui est naturelle ; si le sol est pauvre, vous ne trouverez pas de fermiers. *Là où il y a tout à faire et rien à prendre, vous ne verrez pas de fermes.*

Je dirai même que tel sol qui aujourd'hui est susceptible d'être affermé, après plusieurs baux consécutifs ne trouvera peut-être plus d'amateurs, à moins d'une diminution considérable dans le prix. Cela résultera du mode de ferme et de sa durée.

Nous savons en effet que dans les pays où les baux peuvent avoir une longue existence, le fermier a tout intérêt à faire au commencement de son bail des dépenses dont il sera grandement dédommagé et qui améliorent d'autant la propriété ; mais, dans nos contrées, nous ne pouvons faire que des baux de neuf ans, c'est tout ce qu'il y a de pire !

Et si j'emploie les expressions de M. de Saint-Marsault lui-même, le préconiseur des baux à ferme, je dirai : « Dans un bail de neuf ans, les trois premières années sont employées à mettre les terres en état, les trois suivantes donnent une pleine jouissance ; mais après les trois dernières, pendant lesquelles on se garde bien d'améliorer, le domaine se trouvera encore plus épuisé qu'avant l'entrée en ferme. »

Il n'y a pas fort longtemps que les baux à ferme sont connus dans notre pays, et déjà nous pouvons en constater les funestes résultats : les blés ne pèsent plus le poids, les mauvaises herbes, que les prairies artificielles avaient mission de détruire, envahissent nos champs de toute part ; les terres sont fatiguées, surchargées, et s'il est permis de considérer la maladie de certains produits agricoles sous un point de vue purement humain, je dirai que l'épuisement du sol y contribue puissamment (1).

Cependant nous ne sommes peut-être qu'à la première période de décroissance.

Je reconnais que beaucoup de terres ont été défrichées et mises en rapport, dans ces derniers temps, avec succès par les propriétaires ; je dirai même que ces terres-là, en ce moment, produisent proportionnellement beaucoup plus que d'autres terres qui leur sont infiniment supérieures ; donnez-les à ferme, elles enrichiront le premier fermier, elles ruineront le second.

Deux causes ont contribué au maintien et à l'augmentation des prix de ferme jusqu'à ce jour :

(1) Voir la lettre de M. Morin, séance du 21 février 1854. « Les amendements rendant à la terre une certaine fécondité, doivent par cela même contribuer à détruire les maladies ».

C'est 1° l'accroissement des produits, résultant d'une meilleure culture depuis que l'on sème des prairies artificielles, que l'on connaît l'emploi du plâtre et que l'on fait usage de la charrue. Ces grands principes ont donné à l'agriculture un élan incomparable.

La deuxième cause du maintien des prix de ferme est plus récente : elle commence à se faire sentir pour tous ceux qui ont des fermes à renouveler ; je veux parler de la plus-value des denrées et des vivres en général, résultat de l'équilibre qui s'établit entre les prix du nord de la France et ceux du midi. En supposant, ce qui est à craindre, que ces prix excessifs se maintiennent aussi longtemps que les voies de fer elles-mêmes qui en sont la cause, ces prix n'iront pas toujours en croissant ; l'équilibre une fois établi, il y aura un *statu quo*, et c'est à ce moment-là que les fermes fatiguées et surchargées par les fermiers, ne trouvant plus ni dans l'accroissement des produits, ni dans la plus-value des denrées et de l'alimentation, une cause régénératrice diminueront sensiblement.

Entre les mains des fermiers, les meilleurs principes de culture ne servent qu'à détruire la fécondité du sol : tels, par exemple, l'usage du plâtre et de la marne.

Le propriétaire seul, ou de concert avec un colon partiaire ou tout autre subordonné, peut maintenir la fécondité du sol, quelle que soit sa fécondité (1).

Je me résumerai donc en disant : Que tel sol est susceptible d'être mis en ferme, *pendant un temps proportionnel à la durée de sa fécondité.*

Et je calculerai la décroissance des produits agricoles en France, en proportion du nombre de fermes qui existent.

Si le fermage donne au propriétaire un prix fixe et certain, il lui cause une perte réelle dans le revenu; mais, surtout, il détermine dans les domaines une détérioration aussi funeste pour le présent que pour l'avenir.

Le colon qui abuse de la confiance de son maître, prend sur le revenu; le fermier, au contraire, prend sur le fonds. La fraude du colon peut se compenser par l'amélioration du fonds, à laquelle il est intéressé comme le propriétaire dont les avantages sont com-

---

(1) Tout ce que je dis en faveur du colonage partiaire, est applicable à toute culture sous la direction plus ou moins immédiate du propriétaire, telle que celle par maître-valet ou par l'intermédiaire d'un régisseur.

muns ; la fraude du fermier ne peut trouver aucune compensation.

On ne peut assez prévoir les conséquences d'un mode de culture qui doit causer pour tous un préjudice aussi considérable.

Nous savons que dans le Midi les fermes sont fort rares. M. Rendu, inspecteur général, nous avait déjà fait connaître dans un rapport sur l'agriculture du Midi en 1837, la tendance de ces contrées vers une voie de progrès ; la lettre suivante nous montre le progrès accompli.

Extrait d'une lettre de M. Chauveau, professeur de droit administratif à Toulouse.

« Monsieur le Ministre ayant, cette année-ci, consulté les Chambres et Sociétés d'Agriculture du Midi, il lui a été répondu que les fermages et colonages partiaires étaient de mauvais moyens de culture, et que, dans le Midi, ces moyens étaient avec les autres moyens dans la proportion seulement de 14 pour cent ; que dans les 86 autres cas, la conduite avait lieu, soit par le propriétaire lui-même (quand c'était un petit propriétaire), soit par le propriétaire et son régisseur (quand c'était un grand propriétaire), soit par un *maître-valet* sous les ordres du propriétaire. C'est ce dernier mode qui est le plus usité pour la moyenne propriété ; il laisse au propriétaire toute latitude d'amélioration de culture.

» Entre le fermage et le colonage partiaire, on choisirait peut-être ce dernier mode comme plus moral, et comme permettant encore au maître d'imposer une certaine direction, mais l'un et l'autre mode tendent à disparaître. »

Ce rapport, tout en blâmant le colonage partiaire, rentre complétement dans mon sujet, par les avantages constatés de la direction du propriétaire. Tout mon but étant de faire ressortir les inconvénients des baux à ferme et les avantages de la culture sous la direction du propriétaire, plus cette direction sera immédiate comme dans l'espèce, plus cela rentrera dans mon sujet.

La haute direction de l'agriculture appartient aux propriétaires, un moyen puissant leur est donné pour surveiller leurs intérêts. A l'aide de ces batteurs mécaniques qui circulent dans nos campagnes ou que l'on peut avoir à domicile, le propriétaire peut en quinze jours ou trois semaines battre et vendre la récolte des plus vastes domaines. Il peut exiger que le battage ait lieu chez lui, dans son parc , dans sa cour, et ne permettre au colon d'enlever sa part qu'après le partage ; ainsi tout se passera sous ses yeux , il sera en sûreté contre toutes les fraudes du colon , mais surtout ce dernier sera rendu à ses occupations et à la préparation du sol pour la récolte suivante.

Je me plais ici à rappeler la pensée de M. Lamartinière , qui nous disait, dans la dernière réunion : « Que le propriétaire et le colon se rendaient souvent de mutuels services, l'un en ralentissant le zèle inconsidéré de son maître, l'autre en éclairant la pratique routinière du colon. »

Un très-grand nombre d'exemples me permettent de dire que chaque fois que ces conditions se trouveront réunies , maître et colon se retireront les mains pleines.

Remarquons que toujours l'homme des champs a repoussé les institutions nouvelles les mieux entendues, les découvertes les plus utiles, et qu'il ne s'est rendu à l'évidence des faits qu'après une lutte énergique entre l'homme éclairé et le praticien ignorant, entre le propriétaire et le colon.

Dans des circonstances aussi pénibles que les nôtres , il ne s'agit pas seulement de voir les produits agricoles se maintenir, il faut les multiplier en proportion de la population toujours croissante , et nous n'atteindrons jamais ce résultat avec des fermes successives.

Enfin, si les fermes ne sont pas possibles dans toutes les localités, la direction du propriétaire qui en a le loisir et le goût est possible partout, je dirai même qu'elle est souvent nécessaire.

RAPPORT

De M. JULES SAVATIER *sur l'ouvrage de* M. de SAINT-MARSAULT.

MESSIEURS ,

Vous avez agité dans plusieurs de vos séances la grave question de savoir si le colonage partiaire n'était pas préférable au bail à ferme ; chargé par M. le Président de vous rendre compte de l'ouvrage de M. de Saint-Marsault sur cette matière , j'aurais voulu depuis longtemps m'acquitter de cette mission, si des circonstances imprévues ne m'en eussent empêché. Permettez-moi donc de profiter de cette séance pour vous faire connaître ce traité.

M. de Saint-Marsault s'est attaché à perfectionner la rédaction des baux à ferme, non pas absolument parce qu'il pense que c'est l'unique moyen d'administrer les propriétés rurales, mais surtout parce que c'est celui que tout le monde peut sagement accepter. Il a vu les inconvénients de tous les systèmes, et il a cherché le moyen de leur porter remède en réunissant sous la forme qui lui a paru la meilleure les avantages qu'il avait rencontrés dans chacun d'eux.

Son ouvrage peut être considéré comme un bail prévoyant tous les cas dans 45 articles. Voici quel est son cadre : il traite d'abord de la durée du bail, puis, et à la suite, des droits et réserves du bailleur, de ses devoirs et engagements, des obligations du preneur, de l'entretien des terres et bâtiments, du mode de culture et de jouissance, et enfin des conditions diverses applicables suivant les localités.

Vous n'attendez sans doute pas de moi, Messieurs, que je passe en revue chacune de ces divisions avec tous les articles qu'elle contient, il me faudrait plusieurs séances pour cela.

Je m'arrêterai seulement sur les points importants, en ayant toutefois le soin de suivre autant que possible l'ordre choisi par l'auteur.

D'abord, le nombre des subdivisions de l'ouvrage doit facilement vous faire comprendre qu'il suppose un domaine d'une assez grande étendue ; et M. de Saint-Marsault prend lui-même le soin de nous en prévenir dans la page 13 de son introduction, où il dit : « Notre travail s'adresse à la propriété grande et moyenne, la seule qui soit habituellement affermable. » J'ajouterai qu'il faut encore prendre en considération la position territoriale. Il y a des pays de grande culture et d'autres qui ne la comportent pas. La charrue, la herse, le rouleau ne vont pas aux terrains vignobles; ceux morcelés en petites parcelles, destinés dans quelques localités plutôt à l'horticulture qu'à l'agriculture, échangent la herse à cheval pour celle à bras ; dans certains autres qui n'ont pas cette spécialité, le voisinage d'un bourg ou d'un village peut donner une valeur relative à la terre pour la location: alors les clauses du bail de M. de Saint-Marsault ne sont plus applicables : car, je vous l'ai dit, elles sont faites pour la culture en grand.

Le premier article règle la durée de la jouissance ; il la limite à 20 ans, parce que pendant ce temps le locataire peut faire des dépenses, améliorer la terre et retirer le bénéfice de ses déboursés sans épuiser le sol. Mais cette longue période ne suffit pas à M. de Saint-Marsault ; il désire ne pas apercevoir le jour où le fermier et le propriétaire devront se séparer, et dans son article 39, au titre *des conditions diverses*, il nous donne plusieurs moyens de perpétuer le bail, en nous indiquant des clauses de renouvellement. C'est qu'en effet, si la persévérance est utile dans toute bonne entreprise, c'est surtout en agriculture qu'on en sent le besoin. Aussi, non-seulement il propose un bail à long terme, mais encore il engage les propriétaires à y prévoir une prolongation de pareille durée, afin que le fermier puisse se regarder comme chez lui par la continuation vraisemblable de son bail avec une augmentation raisonnable. Elle doit être au moins de 10 pour 100 afin de se trouver en rapport tout à la fois avec la plus-value progressive des terres et avec l'amélioration produite par l'effet présumé du premier bail de 20 ans. Il en résulte une sorte d'enchère entre le preneur et le bailleur. Pendant les dix-huit premières années du bail, le fermier qui veut un renouvellement peut notifier, quand il lui plaît, ses offres au propriétaire ; mais dès que la 19e est commencée, le bail est censé terminé. Si cette modification demeure sans réponse pendant 30 jours, le renouvellement s'opère tacitement ; si au contraire le propriétaire refuse, le fermier a la facilité de notifier de nouvelles offres, qui ne peuvent être moindres à chaque fois de 5 0⁄0 ajoutées aux offres précédentes, et ainsi de suite, jusqu'à ce que 30 jours s'écoulent à dater de la dernière notification.

Un autre mode de renouvellement est tracé dans le n° 39 *bis*, c'est celui qui porte le nom de lord Kames et qui est fort goûté en Angleterre. Il consiste non pas à renouveler le bail dans son entier, mais à racheter une ou plusieurs années du bail courant, en offrant au bailleur une somme égale à 10 0⁄0 au moins en sus du fermage annuel par chaque année que le fermier voudra racheter. Si le bailleur y consent, le bail se trouve ainsi prolongé d'autant d'années que le preneur aura payé de fois 10 0⁄0 argent comptant du prix de fermage annuel.

Peut-être, Messieurs, ces modes de renouvellement seraient-ils difficiles à pratiquer en France, mais ils offrent de bons côtés qu'on peut adopter en les modifiant, et il faut savoir gré à l'auteur d'insister comme il l'a fait pour démontrer que le propriétaire et le fermier ont un égal intérêt à rester longtemps ensemble.

Le second article traite des droits et réserves du bailleur, il indique de bonnes précautions; mais, comme elles se trouvent en général dans tous les baux bien faits, je ne signalerai à votre attention que le huitième numéro, qui me paraît le plus digne de remarque. Il porte ce titre : *Achats, ventes, échanges, reprises.* Il réserve au propriétaire le droit pendant la durée du bail de planter ou de cultiver par lui-même jusqu'à concurrence de 5 0|0, d'acheter et mettre sur la ferme jusqu'à 10 0|0, de vendre jusqu'aux 5 centièmes, et d'échanger les 10 0|0 des terres affermées.

Le troisième article s'occupe des devoirs et engagements du bailleur. Le n° 10, intitulé : *Facilités accordées avant d'entrer,* est le plus important. Il oblige le fermier sortant à couvrir à la herse toutes les graines de prairies artificielles que le fermier entrant voudra semer au printemps dans les blés, et à nourrir gratuitement les animaux qui seront nécessaires aux travaux préparatoires de l'année suivante.

L'article 4 porte ce titre : *Obligations du preneur,* les n°ˢ 12, 13 et 15 *bis* sont ceux qui ont attiré mon attention ; le premier est intitulé : *Prix de ferme;* l'auteur m'a paru faire preuve d'une grande prudence, en obligeant le fermier sortant à terminer ses payements avant de quitter le domaine.

Tant que le fermier habite les lieux, il n'y a pas d'inconvénients à lui donner terme pour payer ses fermages jusqu'après la perception des fruits, parce que tout ce qui garnit la ferme est le gage du propriétaire; mais, pour la dernière année, lorsqu'il n'y a plus rien, pas même la récolte, sur quoi le propriétaire aurait-il recours, s'il ne se faisait pas payer avant la sortie? Il est donc bon que le terme cesse au moment où va disparaître le gage.

Le n° 13, intitulé : *Fermage en nature ou en espèces,* laisse au propriétaire le double choix, dans le même bail, de percevoir son revenu en argent ou en blé; seulement, dans cette dernière prévision, le bailleur est obligé de prévenir le fermier le 1ᵉʳ juin de l'année où il accepte le payement en nature, et de fixer, dès l'entrée en jouissance, le prix de chaque double-décalitre. C'est une mesure prise contre le fermier qui peut avoir son utilité s'il ne paye pas régulièrement son prix.

Enfin, le n° 15 *bis* s'occupe du cheptel, et nous donne un moyen qui, toujours favorable à la terre, peut l'être parfois au propriétaire et au fermier. Il consiste à obliger le bailleur et le preneur à donner une somme égale pour acheter des animaux, des engrais, et faire des améliorations, à la charge par le fermier de payer au propriétaire les intérêts de la somme qu'il lui confie.

Puis on fait, avant l'entrée en jouissance, l'estimation mobilière et foncière, et tous les cinq ans on la recommence pour la comparer à la première. S'il en résulte que la propriété s'est accrue d'une certaine somme, la moitié de cette somme devient immédiatement la propriété du preneur, et l'intérêt à payer au bailleur diminue d'autant.

On procède de la sorte jusqu'à la fin du bail, époque à laquelle chacun reprend ses mises avec des bénéfices proportionnels. Si, au contraire, les différentes estimations aboutissent à des pertes, ce système s'interprète contre le fermier, c'est-à-dire qu'il paye des intérêts d'autant plus forts que la propriété a diminué de valeur, et qu'enfin, à la dernière estimation, son capital répond de sa mauvaise administration.

Je ne vous parlerai pas de l'article intitulé : *Entretien des terres et bâtiments*, parce que le cadre que je me suis imposé ne me permet pas de dire tout ce qu'il y a de bon, mais seulement ce qui me paraît nouveau.

J'aborde immédiatement l'article qui s'occupe *du mode de culture et de jouissance*, je vais m'y arrêter quelque temps parce que j'y trouve beaucoup de choses utiles : d'abord, dans le n° 25, l'obligation pour les preneurs d'exploiter par eux-mêmes ; condition qui me paraît indispensable, sans quoi on livre sa terre à l'enchère à celui qui veut en donner le prix le plus élevé.

Le n° 26 fait défense au preneur d'exploiter d'autres terres que celles de sa ferme ; clause encore très-utile pour s'assurer que les engrais seront bien déposés dans les propriétés qui les auront produits.

Enfin dans le n° 29, qui porte le titre : *État de culture*, je lis qu'à Noël de chaque année le fermier devra donner au propriétaire un état des terres qu'il veut ensemencer et des récoltes qu'elles doivent produire. Cette précaution est de la plus haute utilité, car elle permet au bailleur de surveiller l'administration de sa terre, de donner des conseils à son fermier, et de mettre un frein à sa cupidité. De ce concours annuel du propriétaire qui s'instruit en surveillant et du fermier dont l'expérience et l'ardeur sont guidées par les réflexions et la volonté du maître, doit jaillir un jour le progrès de l'agriculture.

Le bail à ferme avec cette précaution ne présente plus que des avantages : il assure un revenu raisonnable et positif, il laisse l'indépendance au maître, qui peut s'occuper à d'autres travaux, et enfin il garantit la propriété en autorisant une surveillance certaine sans avoir besoin d'être continuelle.

J'ai fini, Messieurs, d'examiner l'ouvrage de M. de Saint-Marsault ; vous le comprenez, je n'ai fait que glisser légèrement sur tous les renseignements utiles que l'on y trouve.

J'ai notamment pris soin de passer sous silence les quelques critiques qu'il dirige contre les notaires et la loi, j'aurais craint de me tromper en contredisant son expérience. Mais, au point de vue pratique, son traité des baux à ferme m'a paru renfermer des conseils utiles, parce qu'il offre des protections réelles à la terre, qu'il tend à unir par des liens intimes le preneur au bailleur, et qu'il donne au fermier la perspective d'avantages matériels et moraux qui l'attacheront à la terre et diminueront cette émigration vers les villes dont la plaie toujours croissante menace de devenir une calamité pour l'agriculture.

J. Savatier.

Quelques observations sur la question des baux, soulevée dans les dernières séances de 1855.

Sur l'exposé et les conclusions de M. Henri Cellier, le Congrès de Caen adopta la proposition de répandre en France l'usage des baux à long terme, comme étant les plus favorables aux progrès de l'agriculture.

Au Congrès de Poitiers, M. Vergier, de Nantes, présenta un mémoire dans le même sens, et formula, en outre, la proposition de fonder une banque départementale prêtant a 4 0[0 aux fermiers les fonds qui leur seraient nécessaires pour leurs travaux, avec hypothèque privilégiée sur leurs récoltes en faveur du prêteur, au préjudice même du propriétaire du sol.

Cette dernière mesure étant une spoliation bien évidente des droits de la propriété, le Congrès se contenta seulement d'adopter en principe l'excellence des baux à long terme et à prix progressif, au point de vue du progrès agricole.

Cette décision du Congrès nous paraît principalement favorable aux intérêts du fermier, accessoirement à ceux de l'agriculture, et peu ou point à ceux des propriétaires du sol : à notre avis, il ne saurait y avoir de véritable progrès là où les intérêts de chaque partie ne se trouvent pas également sauvegardés.

Nous disons que les baux à long terme ne sont guère qu'à l'avantage du fermier. — En effet, ils lui assurent la jouissance à peu près sans contrôle du sol pendant un long espace de temps, et constituent en sa faveur une sorte d'aliénation temporaire de la propriété à laquelle le véritable possesseur devient presque étranger. Et cela est si vrai que, dans certaines contrées du Nord, on a vu se former des espèces de coalitions entre les fermiers pour obliger les propriétaires à leur perpétuer la jouissance du sol aux conditions qu'ils imposaient eux-mêmes.

On objecte en faveur des baux à long terme qu'ils permettent aux fermiers de faire, en toute sécurité, les avances nécessaires au sol pour atteindre aux produits de la culture perfectionnée. — Sans doute, pendant la première période du bail. Mais, comme ce bail doit avoir un terme, si éloigné qu'on le suppose, le fermier saura toujours, à son approche, reprendre à la terre les avances qu'il lui aura faites : dès lors, ce sera toujours à recommencer sur de nouveaux frais, et les intérêts du propriétaire n'auront rien gagné.

Le bail à prix progresssif est-il une garantie plus sûre de ces mêmes intérêts ? Nous ne saurions le croire.

En effet, le fermier trouvera fort bon de payer à prix réduit les fermages des premières années, mais qui pourrait garantir qu'il ne saura pas amener le propriétaire à résilier le bail quand approcheront les années à prix élevé ? Un médiocre arrangement ne vaut-il pas mieux que le meilleur procès ?

Il faudrait donc, pour éviter les inconvénients des arrière-pensées, accoler aux stipulations ordinaires des baux à ferme une garantie telle que les fermiers fussent délivrés de toute préoccupation de mécompte en se livrant à leurs travaux d'amélioration.

Ce qui les arrête, comme on le sait, dans cette voie favorable aux progrès de la culture, c'est qu'à l'issue de leurs baux, loin de pouvoir compter sur un dédommagement de leurs efforts et de leurs avances, ils les verront souvent servir de base nouvelle pour élever le prix des fermages à venir. Si donc, le résultat de leur travail a été de donner une plus-value au sol, il faudrait que du moins cette plus-value leur fût comptée pour quelque chose à la fin de leur bail.

Il ne faudrait pour établir cette juste balance que préciser à dire d'experts la valeur productive du terrain au commencement et à l'issue du bail, et stipuler que le fermier aurait droit, en cas de cessation de jouissance, à une indemnité montant à la moitié du chiffre exprimant la plus-value acquise au sol par son industrie. — Le propriétaire obligé de payer cette indemnité, préférerait toujours laisser sa ferme entre les bonnes mains qui l'auraient améliorée, et serait plus disposé à continuer le bail à de bonnes conditions pour les deux parties.

On objectera peut-être que dans la pratique la valeur productive du sol sera toujours assez difficile à déterminer, et qu'il entrera de l'arbitraire dans cette appréciation. Nous ne le pensons pas ainsi.

Les hommes qui dans les campagnes sont appelés pour les expertises de toutes natures sont des observateurs fort attentifs de tout ce qui se passe autour d'eux, et il est bien rare que deux experts débattant contradictoirement une question n'arrivent pas à une conclusion qui touche de bien près à la vérité.

Jusqu'à présent nous avons envisagé les baux à ferme avec leurs inconvénients et les remèdes qu'on pourrait y apporter au point de vue de leur application générale, et cependant nous sommes tentés de nous demander s'ils ont le degré d'importance qu'on semble leur accorder dans le présent et dans l'avenir.

Sur mille points du sol, les cultivateurs ont-ils bien l'intelligence et les avances nécessaires pour qu'on puisse leur confier sans inconvénient un domaine affermé à prix certain ? N'est-ce pas d'ailleurs opposé aux habitudes de bien des contrées ?

Chacun a répondu à ces questions.

Le bail à ferme est donc loin d'être d'une application générale. Est-il appelé à le devenir davantage dans l'avenir ? Tout fait présumer le contraire. En effet, que se passe-t-il dans les plus riches contrées, ou, pour parler avec plus de précision, dans les contrées qui nourrissent une population agricole plus nombreuse avec les produits les plus abondants ? Le cultivateur pour autrui arrive peu à peu à ne plus cultiver que le sol qu'il a acquis par son travail, et chacun est d'accord que nous marchons vers l'époque où la totalité du sol cultivable appartiendra à la classe agricole. Les raisons en sont évidentes ; elle s'enrichit chaque jour par les causes diamétralement opposées à celles qui ruinent les autres classes. Le cultivateur, toujours enchaîné à son pénible travail, est le seul qui sache et peut-être qui puisse régler, sans efforts, ses besoins sur les moyens qu'il a de les satisfaire : mieux que d'autres il connaît le prix de l'argent qu'il a difficilement gagné, et s'il l'a économisé, c'est pour acquérir une portion du sol qu'il cultive. Ce sol, une fois en sa possession, n'en sortira plus, et tendra sans cesse à s'accroître.

Nous cheminons donc presque inévitablement vers une période où le sol ne sera plus cultivé que par ceux qui le posséderont.

Dans un récent travail, notre collègue M. de Curzon a posé les conclusions suivantes :

« Si le propriétaire a les qualités requises pour exploiter le sol, » qu'il le cultive lui-même pour en tirer le plus de produit pos- » sible.

» S'il ne peut ou ne veut que diriger et surveiller la culture, » qu'il afferme ses terres à colonage partiaire.

» Enfin, s'il ne veut que retirer d'un placement d'argent en » fonds de terre un revenu fixe dont il se contente, qu'il af- » ferme par bail à prix certain. »

Pour notre compte, nous acceptons cette classification hiérar- chique des divers modes de tirer parti de la terre, où l'exploitation directe du sol par son propriétaire est placée en première ligne, et les baux à ferme à l'extrémité opposée.

Entre eux se trouve le bail à colonage partiaire. En effet, dans le présent, à défaut de l'exploitation directe du sol par son pro- priétaire dont les fautes mêmes et les essais malheureux profitent à la culture, ce qu'il peut y avoir de mieux, au triple point de vue des intérêts agricoles, du cultivateur et du possesseur de la terre, c'est le bail à moitié frais, puisqu'il n'est en définitive autre chose que la bien légitime association entre l'intelligence et les capitaux du propriétaire avec l'intelligence et le travail du cultivateur.

Cette association amène forcément mille points de contact entre la classe généralement plus éclairée des possesseurs du sol et la classe purement agricole, et cette dernière ne peut manquer de puiser dans ces rapports un développement plus rapide d'intelli- gence qui tourne au profit de la société entière.

En outre, l'espèce de solidarité résultant de cette communauté d'intérêts est évidemment une des meilleures garanties de sta- bilité publique.

Si donc on ne conteste pas que le dernier mot de la culture ne soit l'exploitation directe du sol par son possesseur éclairé, le meilleur moyen de sauvegarder pour l'avenir les progrès de l'agriculture c'est de faire l'éducation des cultivateurs par l'application des baux à colonage partiaire partout où cette application ne répugnera pas aux habitudes du pays, au lieu d'y introduire les baux à ferme plus propres, dans beaucoup de contrées, à maintenir la culture dans les ornières de la routine qu'à favoriser ses progrès.

De Longuemar.

RAPPORT

Par M. de Curzon *sur l'enquête ouverte par la Société.*

Messieurs,

Conformément à votre décision, il a été adressé à tous nos correspondants et aux notables agriculteurs du département de la Vienne une lettre contenant les conclusions du mémoire que j'ai eu l'honneur de vous lire sur les *divers systèmes d'amodiation et de louage des biens ruraux.* Notre honorable président les priait de lui faire parvenir leurs observations et leur opinion personnelle, et il leur posait plusieurs questions relatives au système d'amodiation usité dans leurs cantons respectifs.

Douze réponses seulement lui sont parvenues ; et je suis chargé de vous en rendre compte. Cette tâche ne sera pas difficile, car elles sont, en général, fort courtes. Je vais donc les résumer en peu de mots, en les classant dans l'ordre indiqué par la date de chaque lettre.

En remerciant nos honorables correspondants des utiles renseignements qu'ils nous ont fait parvenir, vous éprouverez, sans doute, encore une fois le regret de voir qu'un trop grand nombre n'ont pas cru devoir répondre à votre demande au sujet d'une question si importante pour tous les propriétaires de biens ruraux.

Lettre du 20 *décembre* 1855.—M. Amiet, président du comice agricole de Mirebeau, écrit que le bail à ferme est le plus généralement répandu dans ce canton. C'est la certitude pour le propriétaire de pouvoir compter sur un revenu déterminé, qui lui

a fait donner la préférence. Mais il n'a que le seul avantage
de fixer le revenu, et il a l'inconvénient de pousser le fermier
à l'épuisement du sol. « Les conclusions du mémoire, dit
» M. Amiet en terminant, ont parfaitement défini la situation. »

Autre lettre du 20 décembre 1855. — Cette lettre est de
M. Duval, membre du Conseil général et président du comice
agricole de Lusignan. Vous connaissez, Messieurs, la longue
expérience de notre honorable correspondant, et vous avez plusieurs fois couronné ses succès en agriculture. Voici les principaux passages de sa lettre :

« Autrefois, le colonage partiaire à moitié fruits était très-com-
» mun ; il est devenu moins en usage :
» A cause de l'éloignement des propriétaires et de leur famille
» pour la campagne ;
» A cause du peu d'instruction agricole des propriétaires qui les
» a empêchés de suivre les progrès de cet art, et qui leur a fait faire
» plusieurs fausses opérations qui les ont dégoûtés ;
» Parce que les propriétaires n'ont pas été à même de faire ou
» n'ont pas voulu faire les avances nécessaires pour mieux cul-
» tiver ;
» Parce que les propriétaires connaissant peu les hommes et
» les choses, n'ont pas su vivre en bonne intelligence avec leurs
» métayers ;
» Parce que les cultivateurs aisés et intelligents ont préféré af-
» fermer à prix certain qu'à moitié ;
» Parce que l'on n'a pu trouver pour le colonage partiaire que
» des fermiers pauvres, routiniers, cultivant mal, et parce qu'au-
» cune avance n'étant faite à la terre, elle n'a pas rendu une rente
» aussi élevée et aussi sûre que celle qu'on en a trouvé à prix
» certain...
» L'inconvénient du bail à prix fixe est de se démettre de toute
» autorité sur sa propriété, surtout si elle est près de l'endroit où
» on habite ; de tomber quelquefois dans de mauvais fermiers, qui
» payent mal, qui appauvrissent la propriété et en diminuent la
» valeur : aussi les propriétaires actifs, instruits qui veulent et
» peuvent s'en donner la peine, qui peuvent faire des avances, qui
» habitent toujours ou une bonne partie de l'année à la campagne,
» préfèrent-ils le colonage partiaire. Par ce moyen, ils n'abdi-
» quent pas leur autorité ; ils sont toujours sûrs d'être payés ; ils

» ont presque en tout temps de l'année de l'argent à faire par la
» vente des produits animaux ou végétaux ; et s'ils ont un mé-
» tayer bon travailleur, ils tirent ainsi le meilleur parti de leurs
» domaines ; j'en ai de très-bons exemples sous les yeux , et si
» une circonstance quelconque m'empêchait de faire valoir, c'est
» ce mode de fermage que j'adopterais...

   » Par ce que je viens de dire, on voit que j'adopte entièrement
» les conclusions du mémoire dont la Société est saisie ; *j'adopte*
» *surtout ce qui est dit dans le dernier paragraphe relativement*
» *au colonage partiaire.* »

Lettre du 21 décembre 1835. — M. Ol. Serph, aux Angremys,
près Civray.

Notre honorable correspondant objecte contre le colonage partiaire qu'il n'est en usage que dans les pays pauvres et mal cultivés ; que, dans de telles conditions, ce mode de culture n'est pas
de choix, mais qu'il est imposé par la nécessité ; que la pauvreté
du colon s'oppose à toute tentative d'amélioration, et qu'il est im-
mobile par caractère ; que ce système exige une surveillance de
chaque jour et beaucoup d'argent. Il est difficile, d'ailleurs, de
trouver une famille assez nombreuse pour suffire aux travaux de
la ferme. Si le colon prospère, il tend à devenir propriétaire et
quitte son exploitation : de là un changement fréquent, très-nui-
sible à la propriété. A l'appui de son opinion, M. Ol. Serph cite
un rapport présenté, le 14 novembre dernier, à la Société centrale
d'agriculture, par M. de Gasparin, à propos d'un mémoire de
M. le marquis Ridolfi, sur le métayage dans la Toscane ; et il
conclut ainsi : — « J'estime que le colonage partiaire ne peut
» être pratiqué avec avantage que dans le cas rare où on trouve
» de bons colons, par des propriétaires ayant peu de capitaux ou
» ne voulant en employer qu'une petite quantité, et vivant écono-
» miquement près du colon, avec la moitié des produits divers de
» la métairie... L'intérêt général s'unit donc à l'intérêt privé,
» pour faire préférer la culture du propriétaire à celle du colon.
» — Si le propriétaire ne peut pas cultiver lui-même , il vaut
» mieux employer les baux à ferme à prix certain et à long
» terme. »

Mais, à côté de cette critique du colonage partiaire, nous trou-
vons dans le savant mémoire de notre honorable confrère une réserve importante, que nous devons mentionner ici :

« Résulte-t-il de là, dit-il, qu'on doive irrévocablement pros-
» crire le colonage partiaire? Je ne le pense pas, et j'aurais d'au-
» tant plus mauvaise grâce à repousser complétement ce système,
» que *c'est celui que je pratique personnellement. pour la plus*
» *grande portion de ma propriété, et que je ne me dissimule pas,*
» *je ne veux pas cacher aux autres, que si pour atteindre le but que*
» *je me proposais, la mise en valeur d'une grande étendue, il m'a*
» *fallu plus de temps, j'ai eu moins de surveillance à exercer et*
» *une assez notable économie de dépense.* »

Cet aveu consciencieux, ce résultat considérable de l'expérience
si bien raisonnée de M. Serph, prouve, en faveur du colonage partiaire, que, dans ce système, le progrès agricole peut être atteint
avec moins de surveillance et moins de dépense de la part du
propriétaire. M. de Gasparin avait donc bien raison de dire que
toutes les déclamations contre le métayage n'étaient que le résultat
d'un préjugé scientifique qui, comme tant d'autres, a besoin d'être
réduit à sa juste valeur.

Autre lettre du 21 décembre 1855. — M. de Grousseau, l'habile
directeur de la colonie des Bradières, nous donne la statistique
exacte des divers systèmes d'amodiation dans le canton de Saint-
Julien. 415 domaines y sont exploités par leurs propriétaires ;
210 sont cultivés par des colons partiaires ; 82 sont affermés à
prix certain. L'habitude, la tradition, la plus grande facilité de
libération pour le preneur, la plus grande sécurité de payement
pour le bailleur, ont fait adopter, selon notre honorable correspondant, le colonage partiaire. Ce mode, qui ne nécessite qu'une
faible circulation d'espèces, a l'avantage de solder les comptes an-
nuels, quand même. Les conclusions du mémoire, dit M. de Grousseau en terminant, « me paraissent de tous points sages et me-
» surées ; sans esprit de système préconçu, puisées dans une
» étude exacte des faits pratiques, et dignes, par conséquent, de
» l'approbation de la Société d'Agriculture. »

Lettre du 22 décembre 1855. — M. Morin écrit que, dans la
commune de Vernon, le colonage partiaire domine. Il considère
ce mode de culture comme le plus avantageux pour le propriétaire, tant à cause de l'élévation du produit net, que parce
qu'il facilite les améliorations. C'est ainsi qu'il a pu vulgariser
lui-même l'usage des nouvelles charrues et des herses, la culture

des plantes sarclées, la multiplication des bonnes races de chevaux, de bœufs et de moutons. Le colonage partiaire lui paraît donc être à la fois avantageux pour le propriétaire et favorable au progrès agricole.

Lettre du 23 décembre 1855. — M. Brouillet père écrit qu'il est tout à fait favorable aux conclusions du mémoire. A Charroux, c'est le colonage partiaire qui est généralement en usage.

« Les motifs qui l'y ont fait adopter, dit M. Brouillet, sont
» ceux-ci :

» Le choix d'un colon vous appartient, et quand vous avez ren-
» contré un homme intelligent et travailleur, vous le dirigez dans
» la culture de vos terres ; cet homme comprenant que, comme
» son associé, vos intérêts sont les siens, prend confiance en vous
» et vous écoute. Vous rectifiez ses idées en agriculture, ses
» erreurs routinières, ses croyances en certains préjugés météoro-
» logiques ; il se rapproche de vous, vous le moralisez, vous lui
» inspirez des pensées d'ordre social, qu'il comprend très-bien,
» vous l'instruisez, il s'élève, il devient meilleur, et l'agricul-
» ture comme la Société y trouvent chacune leur part de pro-
» grès. »

» Mon opinion est tout à fait favorable aux conclusions du mé-
» moire dont la Société est saisie.

» *Aucun système d'exploitation du sol ne doit être proscrit.* »

Lettre du 24 décembre 1855. — M. Bouthet-Durivault, à Varennes.

L'honorable auteur de cette lettre pense qu'un propriétaire riche et instruit qui se livre à l'agriculture, fait toujours beaucoup de bien, en donnant de bons exemples qui finissent par être suivis. Il cite l'exemple du général Demarçay, qui a fait faire de notables progrès à l'art agricole dans le canton de Mirebeau. Il pense qu'un propriétaire intelligent pouvant disposer de capitaux et surveiller l'exploitation, fera faire quelques progrès à l'agriculture à l'aide du colonage partiaire : mais la difficulté de trouver chez le propriétaire et chez le colon les qualités nécessaires lui font préférer le bail à prix certain. Le fermier est stimulé par son intérêt propre ; il pourra donc plus sûrement atteindre le progrès, surtout s'il est intelligent, s'il a des capitaux suffisants, et si on lui accorde un bail assez long pour qu'il ait le temps de jouir des améliorations qu'il pourra entreprendre. — Dans le canton de Mirebeau, le colonage partiaire n'existe pour ainsi dire pas.

La note suivante répond aux questions posées, avec une précision et une concision telles que je ne puis mieux faire que de la transcrire ici en entier.

———

Saint-Pierre-de-Maillé, 26 décembre 1855.

A Monsieur le Président de la Société d'Agriculture de Poitiers.

Monsieur le Président,

Je viens répondre à la lettre que vous m'avez fait l'honneur de m'adresser, et dans laquelle vous me posez les questions suivantes :

1° *Quel est le système d'amodiation et de louage des biens ruraux le plus usité dans la contrée que vous habitez ?*

C'est le colonage à moitié fruits qui est le plus généralement adopté dans notre contrée.

2° *Quels sont les motifs qui l'ont fait adopter de préférence aux autres ?*

Ces motifs sont : 1° que, *dans la plupart des cas*, le revenu net pour le propriétaire est plus considérable que par n'importe quel autre système d'amodiation;

2° Que le propriétaire conserve toujours la jouissance de sa propriété, avantage dont il se dépouille au contraire par le bail à ferme, en convertissant en rente le produit de sa propriété;

3° Qu'il peut, s'il a le bonheur de rencontrer un métayer intelligent, de bonne volonté, et honnête, produire sur le domaine des améliorations souvent très-importantes, et qu'il évite, dans tous les cas, par un peu de surveillance les détériorations que les fermiers apportent souvent sur le sol, surtout dans les dernières années de leur bail.

3° *Quels avantages il vous semble présenter; quels inconvénients vous y pouvez trouver, et quelles améliorations vous y sembleraient désirables ?*

Indépendamment des motifs qui l'ont fait préférer, et qui sont des avantages réels, ce système offre encore celui d'établir pres-

que toujours entre le propriétaire du sol et la famille qui le cultive, des rapports sociaux antipathiques à tout mouvement révo-
lutionnaire. Le métayer, loin de porter envie à la propriété qu'il
cultive, désire qu'elle s'agrandisse pour voir lui-même augmenter
le salaire de ses peines; il se regarde, le plus souvent, comme
identifié au sol et à la famille du propriétaire; il ne voit point de
terme à sa société de colonage, et ses enfants le remplaceront
probablement à sa mort. D'un autre côté, le propriétaire qui a du
cœur et de l'intelligence, ne peut manquer d'apprécier *pour lui-
même* toute la valeur d'un bon métayer, et lui vient en aide par
des avances dans toutes les circonstances nécessaires, ou lorsqu'il
s'agit d'entreprendre des améliorations que le métayer ne saurait exécuter seul; et le métayer ne peut aussi s'empêcher de sentir
tout l'avantage qui résulte pour lui d'avoir affaire à un propriétaire qui l'aide au besoin et donne à tous ses travaux une direction profitable pour eux deux. Il résulte de tous ces rapports un
attachement réciproque, qui tourne à l'avantage commun; mais il
faut, pour atteindre ce but, réunir, d'une part, un propriétaire
pourvu de connaissances agricoles, et ayant en outre le pouvoir
et la volonté de s'occuper activement de la direction de ses domaines, et encore un métayer honnête, intelligent et bon cultivateur.

Les inconvénients que ce système peut quelquefois présenter,
consistent dans l'ignorance de l'art agricole que l'on rencontre chez
certains métayers, qui ne connaissent que la routine de leurs devanciers; quelquefois aussi, le propriétaire qui n'en sait pas plus
long que son métayer, ne veut ni ne peut rien changer à ce qui
se trouve établi, et le revenu du domaine reste stationnaire, si
même il ne diminue pas.

Par conséquent, les améliorations qui seraient désirables dans
cet état de choses, consisteraient à répandre le plus possible les
connaissances de l'art agricole.

*4º Enfin, nous serions heureux de savoir quelle est votre opi-
nion sur les conclusions du mémoire dont la Société est saisie en
ce moment.*

Je réponds à cette question, en disant que je suis de l'avis du
rédacteur du mémoire, mais à la charge expresse de réunir les
conditions suivantes : de la part du propriétaire-cultivateur, connaissances agricoles, aptitudes spéciales et avances pécuniaires;
du côté du sol, sinon une extrême fertilité, au moins une fertilité

moyenne, au-dessous de laquelle tout propriétaire faisant valoir, se trouvera dans les frais d'une culture onéreuse.

Quant au régisseur à employer, je l'adopterais volontiers dans certains cas, pourvu qu'il agît *toujours* sous la direction immédiate du propriétaire, le système opposé offrant trop de dangers.

Quant au bail à ferme, ce système est dans notre contrée le plus mauvais mode d'amodiation; les baux à terme de neuf ou même douze ans sont trop courts, pour que le fermier puisse entreprendre des améliorations importantes; puis, ce mode de procéder n'est pas encore entré dans les habitudes des fermiers comme en Angleterre, par la raison qu'en France, et principalement dans notre contrée, les fermiers sont presque aussi bien dépourvus d'avances pécuniaires que de connaissances spéciales de l'art agricole. Cependant, il est certains cas où le propriétaire ne peut faire autrement que d'affermer sa propriété. Ce mode ne peut donc être réprouvé d'une manière absolue. Mais à part ce cas où l'option n'est pas possible, je le regarde comme étant le plus mauvais mode d'amodiation sous tous les rapports.

Veuillez agréer, Monsieur le Président, l'assurance de ma parfaite considération.

Le Président du comice agricole de
Saint-Savin,

De la Tousche.

Lettre du 26 *décembre* 1855. — Dans le canton de Pleumartin, écrit M. Du Puynode, ancien membre du Conseil général, c'est le colonage partiaire qui est généralement adopté. Ce mode de culture est celui qui présente le plus de chances pour faire faire des progrès à l'agriculture, à la condition que le propriétaire interviendra par ses conseils et par ses exemples. Le *faisant-valoir* bien entendu est, sans contredit, le meilleur mode pour arriver promptement à une amélioration sensible; mais il est trop onéreux. Le capitaliste, qui n'a d'autre but qu'un placement de fonds, doit affermer à prix certain.

Lettre du 29 *décembre* 1855. — M. le comte de Cumont, à Chaumont.

Dans la commune de Fontaine-le-Comte, les terres sont affermées à prix certain. La culture y est fort arriérée; les fermiers y sont misérables, et les propriétaires ne retirent presque rien de leurs domaines. L'habile agriculteur auteur de cette lettre indique très-bien les moyens d'améliorer la culture dans cette contrée ; mais, par suite d'une défiance beaucoup trop grande de lui-même, il ne veut pas discuter les conclusions qui lui ont été communiquées.

Lettre du 16 janvier 1856.—M. A. de Mascureau, aux Bonnetières.

. Notre honorable collègue critique avec une grande sagacité le mode d'exploitation des fermes louées à prix certain dans le canton de Vivône. Il fait ressortir les difficultés d'une exploitation personnelle ; il conclut ainsi :

« Ce que je trouve le plus avantageux, c'est, sans contredit, le colonage partiaire. Les produits sont supérieurs, surtout lorsque le maître s'occupe de sa ferme. Ainsi, à grandeur et qualité égales, la ferme à moitié donnera un produit net d'un tiers en sus de celle à prix certain. Qu'est-ce qui manque au fermier ? c'est l'argent. Au métayer dans de bonnes conditions, le maître ne craint pas de faire des avances. »

Voici, Messieurs, encore une lettre que je vous demande la permission de vous lire en partie, parce que l'analyse pourrait nuire à l'économie et à la précision des arguments de son honorable auteur.

23 janvier 1856. Maugué, commune de Marnay ,
canton de Vivône.

Monsieur,

Je trouve, en général, parfaitement justes les conclusions du mémoire adressé à la Société d'agriculture de Poitiers sur les divers systèmes d'amodiation des biens ruraux. Je dirai cependant que si le mode d'exploitation par le propriétaire *est le plus conforme à la nature des choses,* je le crois le plus coûteux , celui qui donne le plus d'embarras et dont les résultats sont rarement avantageux au propriétaire. Les services qu'il peut rendre au progrès agricole seront-ils bien grands , lorsqu'on verra de très-beaux produits coûter plus qu'ils ne rapportent ? et il en est presque toujours ainsi. J'en appelle à ceux qui ont pratiqué ce mode d'exploitation.

Le bail à ferme est celui qui donne le moins d'embarras , et me semble devoir être préféré lorsque le propriétaire n'a pas la volonté et le loisir de s'occuper de son domaine ; mais avec ce mode il est rare que le sol acquière une plus-value par le travail du fermier.

Depuis vingt-cinq ans, je m'occupe d'agriculture et des travaux de la campagne. J'ai fait bien des écoles, j'ai essayé tous les modes d'amodiation ; aucun ne me paraît offrir autant d'avantages que le colonage partiaire , tant au point de vue du revenu et de l'amélioration du sol qu'à celui du progrès agricole. Ce qui est bon, ce qui réussit dans les exploitations à colonage partiaire, est bientôt adopté et pratiqué dans le voisinage ; mais, pour réussir, il faut que le propriétaire surveille l'exploitation , qu'il se soit réservé le droit de la diriger , et qu'il joigne beaucoup de prudence à de suffisantes connaissances en agriculture. Il faut aussi qu'il n'hésite pas à faire des avances quand elles sont nécessaires, qu'il contribue à l'exécution des travaux d'amélioration que le colon ne pourrait faire seul à ses frais ; avec ce mode d'exploitation, on est à peu près certain d'obtenir, sans de grandes dépenses, une augmentation de revenu et une notable plus-value de la propriété. Le difficile est de trouver des colons remplissant les conditions indispensables à la réussite : probité, labeur, intelligence. Trop souvent , après avoir pris l'engagement de suivre les instructions du propriétaire, le colon partiaire, inquiet, effrayé de tout ce qui sort des habitudes du pays, ne fait pas ou fait mal ce qu'on lui demande ; alors il faut le congédier et le remplacer par un autre , qui peut-être ne fera pas mieux...

Veuillez agréer l'expression de mes sentiments les plus distingués.

É. DE LA CHEVALLERIE.

Pour compléter la série des documents susceptibles d'éclairer l'importante question qui vous occupe, il me reste à vous faire connaître, Messieurs, une brochure imprimée dès 1832 par la Société d'agriculture de Lyon , et dont l'auteur, M. de Gasparin, ancien ministre de l'agriculture et de l'intérieur, est un de nos maîtres dans l'art cultural. Cette brochure a pour titre : *Guide des propriétaires de biens soumis au métayage.*

Le but de l'auteur a été d'apprécier les avantages et les inconvénients du contrat de métayage , de le comparer aux autres modes d'exploitation, de montrer par quelle voie on y entre et à quelles conditions on en sort. A ses yeux, le métayage est une nécessité dans tous les cas où le propriétaire ne pouvant pas diriger la culture, ne rencontre que des tenanciers qui n'ont pas un capital suffisant pour l'exploitation de la propriété. De là cette définition qu'il donne du métayage : *C'est un contrat par lequel, quand le tenancier n'a pas un capital ou un crédit suffisant pour garantir le payement de la rente et des avances du propriétaire, celui-ci prélève cette rente par parties proportionnelles sur la recette de chaque année, de manière que la moyenne arithmétique de ces portions annuelles représente la valeur de la rente.*

Si tel était en effet le colonage partiaire, nous comprendrions toute la répulsion qu'il rencontre chez les agriculteurs théoriciens ; mais nous ne comprendrions plus les efforts qu'a faits M. de Gasparin pour le réhabiliter, même avec les restrictions qu'il met à son approbation. Ainsi entendu, ainsi appliqué, le colonage partiaire sera toujours désastreux pour le colon, pour le propriétaire et pour l'agriculture : car il ne serait plus qu'une sorte de prêt sur gages.

Nous savons bien que, dans la pratique routinière, le métayage n'est trop souvent que cela ; nous savons bien que, sous l'empire du droit coutumier, plusieurs commentateurs éminents ne l'ont considéré que comme un contrat innommé devant être régi par les règles du contrat de louage et non pas par celles du contrat de société (1). Mais la nature même de ce contrat répugne à une pareille interprétation, qui n'est autorisée ni par le Droit romain, ni par notre Droit français. *Partiarius colonus* QUASI SOCIETATIS JURE *et damnum et lucrum cum domino partitur*, dit la loi 22, *au Dig. Locat.*; et l'art. 1763 de notre Code, en interdisant au colon la faculté de sous-louer ou de céder son bail, et en autorisant implicitement l'opinion qu'un pareil bail est résolu de droit par la mort du preneur, restitue bien évidemment à ce contrat son véritable caractère.

Il ne faudra donc pas s'étonner si, partant d'une base qui n'est que conventionnelle, et envisageant son sujet sous un point de vue inexact, M. de Gasparin ne rend pas toujours au colonage partiaire toute la justice à laquelle il a droit.

(1) V. Coquille, *sur la coutume du Nivernais ;* Boucheul, *sur la coutume du Poitou,* etc.

L'honorable auteur a été bien mieux inspiré dans les pages où il a esquissé *l'histoire du Contrat de métayage*. Il fait bien ressortir l'ignorance de ceux qui n'ont voulu voir dans ce mode d'exploitation qu'une continuation ou une transformation du servage. Il établit très-clairement que ce contrat est d'origine romaine ; qu'il ne put jamais être contracté qu'avec des hommes libres ; qu'il s'étendit à mesure que diminua le nombre des esclaves, et qu'il s'effaça toujours quand la culture servile vint à reprendre le dessus. Le servage, au contraire, est d'origine barbare, et la culture par corvée lui succéda. Ces deux modes de culture, loin d'être similaires, sont antipathiques au plus haut degré. En effet, dans le système romain, le propriétaire affranchissait l'esclave, dont l'entretien lui était devenu onéreux, et conservait la propriété du sol, qu'il faisait cultiver par des colons libres désormais. Dans le système barbare, au contraire, le seigneur tenant à conserver surtout les serfs, qui constituaient sa force militaire, aima mieux se dépouiller d'une partie du sol et mettre des restrictions à l'affranchissement des esclaves. Ainsi, le propriétaire romain affranchit complétement l'esclave et garde pour lui-même le sol ; d'où est venu ce qu'on appelle le prolétariat : le seigneur barbare se dépouille d'une partie du sol moyennant rente féodale, et abandonne à l'esclave une partie de sa liberté moyennant service personnel défini ; d'où le servage, en regard de la division de la propriété remise en partie aux mains des masses.

Après avoir fait justice du préjugé qui voudrait enter le colonage sur le servage, M. de Gasparin recherche les causes qui perpétuent le métayage dans les pays où il est établi. Il les trouve dans la casualité des récoltes ; dans la fréquente oscillation du prix des denrées ; dans l'absence ou l'éloignement des débouchés ; dans la trop grande étendue des domaines ; dans l'ignorance et la pauvreté des cultivateurs. Ces inconvénients sont tellement généraux, tellement multipliés, qu'ils nous semblent étendre beaucoup les horizons du métayage. Et puis ne conviendra-t-on pas qu'un mode de culture qui peut seul surmonter tant d'obstacles a en soi une valeur qui ne mérite pas les dédains dont on s'est plu jusqu'ici à l'accabler ?

Examinant ensuite les effets du métayage sur la condition des propriétaires, l'auteur lui reproche l'incertitude de la rente annuelle, les soins à prendre, la surveillance à exercer, les embarras de la vente des produits. « Mais, ajoute-t-il, si nous comparons

» leur sort à celui des propriétaires obligés , sans vocation , à
» faire valoir leurs terres eux-mêmes, et de l'autre à celui des
» obstacles que l'on éprouve en s'obstinant à conclure des baux
» à ferme , quand le pays ne présente ni les capitaux, ni les
» hommes qui pourraient concourir à l'exécution de ce plan, on
» jugera que tous les inconvénients que nous venons d'indiquer
» sont encore les moindres que l'on puisse choisir.... Si l'on vient
» à comparer le métayage bien conduit à un fermage hasardé ,
» la comparaison n'est pas moins favorable au premier, en ce
» qu'on est assuré de tirer une rente de la terre ; que cette rente
» est aussi complète que le comporte la localité , tandis qu'un
» fermage conclu en dépit des circonstances fait courir le hasard
» de tout perdre. »

Quant aux effets du métayage sur le pays, M. de Gasparin reproche à ce système d'être un état de conservation et non pas de
progrès, le propriétaire et le métayer répugnant également aux
améliorations. Les capitaux étrangers ne sont pas attirés dans les
pays de métayage, les hommes riches et les capitalistes ne re-
cherchant guère que les taux qui donnent un revenu certain. —
Ces inconvénients ne sont assurément pas imputables au contrat
lui-même ; mais ils sont la suite des préjugés qui existent contre
lui, aussi bien que de l'usage vicieux qui en est fait. Notre savant
auteur reconnaît, d'ailleurs, comme compensation, que la résidence nécessaire des propriétaires prévient l'exportation des revenus.

« Si l'on recherche , continue-t-il, les effets moraux du mé-
» tayage sur la société qui l'a adopté, on verra d'abord que l'exé-
» cution de ce contrat est confiée à la probité du métayer, et
» qu'ainsi celui-ci doit mériter toute la confiance du propriétaire ;
» que la perte de cette confiance doit être un crime irrémissible,
» qui lui fait perdre sa ferme et l'espoir d'en obtenir une nouvelle.
» Aussi est-il difficile, en général, de trouver une classe plus gé-
» néralement honnête que celle des métayers, et, par son exem-
» ple, elle agit avantageusement sur les prolétaires.

» On peut affirmer encore que les relations de client à patron
» ne sont nulle part mieux conservées que dans les pays à mé-
» tayage. La durée indéfinie des baux, leur peu de sévérité, le
» besoin que les parties contractantes ont l'une de l'autre, identi-
» fient, en quelque sorte, le métayer avec son domaine et avec
» la famille de son maître. . . . .

» On peut ajouter, que la nécessité d'avoir sans cesse des intérêts
» communs avec les métayers, celle de mettre en délibération
» avec eux toutes les opérations de la culture, et de prendre leur
» voix, rendent les rapports très-doux et la supériorité inoffen-
» sive. Que l'on compare le commandement impérieux des peu-
» ples, tels que les Anglais, qui n'ont jamais à traiter qu'avec des
» domestiques qui leur obéissent pour un prix déterminé, ou avec
» des fermiers chez lesquels ils n'ont rien à voir quand le bail est
» consenti, avec celui de peuples chez lesquels le propriétaire
» exerce une action limitée mais constante sur ses terres, et où
» il est obligé d'user de conseils bien plus souvent que d'ordres,
» et l'on comprendra comment ces relations diverses ont pu mo-
» difier le caractère de la nation tout entière, en confondant dans
» une espèce d'égalité les démarcations de pouvoirs qui se con-
» fondent si souvent. »

Après ces considérations morales, dont vous aurez senti, Messieurs, toute l'importance, l'auteur expose les améliorations dont
l'agriculture est susceptible sous l'état de métayage. Il estime qu'il
est très-difficile d'obtenir des perfectionnements rapides, surtout
quand ils portent sur le capital foncier : mais il croit facile d'obtenir la bonne exécution d'améliorations définies, dont on peut
apprécier d'avance les résultats ; pourvu que l'on pèse avec justice les intérêts divers du propriétaire et du colon. Avec de l'a-
dresse, de la constance et une ferme volonté, il croit que l'on vien-
drait à bout de perfectionner la culture. Il cite à ce sujet la Toscane,
où l'on voit, suivant lui, le beau idéal du système de métayage,
et où la culture est portée presque au dernier degré de perfec-
tion.

« Dans son agriculture toscane, dit-il, M. de Sismondi nous
» donne les détails des produits d'une petite métairie de 2 hec-
» tares. Cette ferme rend au propriétaire 278 fr. 60 c. de rente
» par hectare.... Nous prions les adversaires du système de mé-
» tayage de considérer ce résultat et de le peser attentivement.
» Ils verront que s'il a ses inconvénients, il ne manque pas, quand
» il est bien administré, d'un esprit de vie qui ne permet pas de
» le condamner d'une manière aussi absolue qu'on le fait trop
» souvent quand on ne l'a examiné que dans les pays où il est
» conduit sur de mauvais principes, et où tout autre genre
» d'administration ne pourrait manquer d'échouer également. »

M. de Gasparin indique ensuite les moyens d'améliorer la con-

dition du propriétaire et celle du colon , les moyens de passer du
métayage au fermage , les moyens de passer de la culture servile
à la culture par métayers. Puis il conclut que « le métayage est
» un contrat nécessaire, obligé, quand la population agricole ne
» possédant pas de capitaux, est en même temps libre, que les
« propriétés territoriales ne sont pas dans ses mains, et enfin que
» les propriétaires sont assez riches pour chercher des loisirs,
» ou qu'ils peuvent employer leur temps à d'autres occupations
» mieux rétribuées ou plus importantes pour eux. » Il pense
pourtant que ce mode d'exploitation est inférieur au fermage.

« Ce résultat de notre analyse nous prouve, dit-il en termi-
» nant, que toutes les déclamations contre le métayage n'étaient
» que le résultat d'un préjugé scientifique qui, comme tant d'au-
» tres, a besoin d'être réduit à sa juste valeur, si nous voulons
» que la théorie agricole, faute d'être basée sur l'examen des faits,
» ne soit pas trop souvent contredite par la pratique. »

Vous le voyez, Messieurs, la brochure de M. de Gasparin est d'un
grand intérêt dans l'importante question qui est soumise à votre
examen. Le premier parmi les écrivains dont le nom est une
autorité dans la science agricole, il a senti la nécessité de réhabiliter le colonage partiaire; et vous venez de voir par quels arguments victorieux, puisés dans l'examen des faits, il a combattu
l'injuste et funeste préjugé qui fait repousser ce système d'amodiation.

Cependant cette réhabilitation ne nous paraît pas complète, et
l'honorable auteur met à son approbation des restrictions que
nous ne saurions accepter comme fondées. Nous l'avons déjà dit,
la définition qu'il donne du contrat de colonage partiaire n'est pas
exacte. Il base ce contrat sur la défiance du propriétaire et sur
une présomption d'impuissance de la part du colon, au lieu de
lui donner les larges et fécondes proportions d'une association
établie entre des forces dissemblables, inégales même, si l'on veut,
mais toujours réelles, productives, puissantes. Et il ne faudrait
pas croire que ce n'est là qu'une dispute de mots, une objection
de pure forme : car cette manière de poser, et par conséquent de
comprendre la question , doit faire supposer nécessairement des
erreurs dans l'analyse des faits.

Si vous commencez par poser en principe que le colon n'aura ni
capital ni crédit, que le propriétaire ne contracte avec lui que parce

qu'il ne peut tirer autrement parti de son domaine, et qu'il s'agit pour ce dernier, non pas de courir des chances de gain, mais d'éviter des chances de perte, vous serez, en effet, bien fondés à dire de telles gens, que l'un ne voudra faire aucune avance de fonds et que l'autre ne tendra qu'à épargner son travail ; qu'ainsi le progrès agricole sera impossible. Si, au contraire, un proprié‑ taire s'associe un colon intelligent, ayant un capital suffisant et quelque crédit, et qu'en vue d'un plus grand profit à faire, ils exploitent en commun le domaine du propriétaire, sera-t-on fondé à dire qu'une pareille association rend le progrès agricole impos- sible? ou bien répondra-t-on que ce n'est pas là un contrat à co- lonage partiaire, parce que ce contrat suppose que *le tenancier n'a pas un capital ou un crédit suffisant?* — Il nous semble donc évident que la définition donnée par M. de Gasparin n'est pas exacte, qu'elle est l'indice chez lui de préoccupations défavorables dans une certaine mesure, et qu'à son insu, et malgré tout son désir de combattre un préjugé très-fâcheux, ces préoccupations ont influé sur quelques-unes de ses appréciations.

D'autre part, l'honorable et habile agronome nous avertit que son analyse est basée sur l'état du métayage dans le département de Vaucluse. Là, l'étendue des métairies est restreinte : elle n'est, en général, que de dix hectares. L'assolement est biennal : un blé, toujours suivi d'une jachère. Ce système de culture alterne ne se prête pas à une bonne répartition du travail. La faible étendue des domaines n'y permet à une famille de colon ni l'em- ploi de tous ses bras, ni l'emploi de tout son temps, ni l'utilisa- tion complète des bêtes de travail ; car M. de Gasparin a calculé qu'une telle exploitation ne demande que cent cinquante-huit journées d'hommes et cent vingt-six journées d'animaux. De là, augmentation des frais de production et diminution du produit net, puisqu'il y a chômage forcé pendant une notable partie de l'année, et qu'il faut toujours que la famille et les animaux du colon soient nourris pendant ce chômage. Les colons sont donc obligés d'avoir recours, quand ils le peuvent, à quelque industrie supplémentaire qui puisse les occuper à temps perdu.—Il est évi- dent qu'il y a là des inconvénients graves, et des causes de ruine et de démoralisation pour le colon. Mais il est bien évident aussi que le contrat de colonage partiaire ne peut pas être rendu res- ponsable d'un pareil état de choses.

Chez nous, l'étendue des métairies varie de trente à soixante hectares. On objecte alors qu'une famille de colon ne suffit pas à la bonne culture de telles métairies : c'est l'inconvénient contraire. Faudrait-il aussi le mettre à la charge du colonage partiaire ?

Convenons donc que pour bien juger de la valeur du contrat de colonage partiaire en soi, il faut dégager la question de toutes les circonstances locales. S'il s'agit, au contraire, d'appliquer le colonage partiaire, il faut ou bien plier les circonstances locales à ses exigences, ou bien le plier, sans le dénaturer, aux exigences locales. Si l'on ne peut faire ni l'un ni l'autre, il faut y renoncer et recourir à un autre système : nous ne prétendons pas qu'il soit avantageux ou même possible partout et toujours; nous ne prétendons pas qu'il doive être préféré dans tous les cas; nous disons seulement qu'au point de vue des principes aucune proscription ne peut l'atteindre, et qu'en fait, partout où il pourra être appliqué avec intelligence et dans les conditions qui sont de sa nature, il produira les meilleurs résultats.

En résumé, nous estimons que le travail de M. de Gasparin sur le métayage est un véritable service rendu à l'agriculture, parce qu'il a commencé la réhabilitation d'un système d'amodiation qui est très-favorable à son progrès. Mais l'honorable auteur n'a pas rendu complétement justice à ce contrat, parce qu'il n'en a pas compris, en principe, toute la portée, et parce qu'il n'en a étudié l'application que dans des circonstanres locales qui ne lui sont pas favorables.

Permettez-moi maintenant, Messieurs, de revenir sur quelques-unes des objections qui ont été produites, soit par nos correspondants, soit dans la discussion orale. Je ne m'arrêterai qu'aux plus saillantes.

M. Olivier Serph nous a parlé d'un rapport, présenté le 14 novembre dernier à la Société centrale d'agriculture par M. de Gasparin, et rendant compte d'un mémoire de M. le marquis Ridolfi sur le métayage dans la Toscane. « Le métayage, dit-il, » est le régime général en Toscane. Il a été assez prospère tant » que les riches marchands florentins ont fait pour les colons des » sacrifices énormes d'argent et employaient dans leurs manu- » factures l'excédant de leur population, surtout lorsque, par » suite d'un usage consacré, ils faisaient en mourant remise au » colon des d ites considérables par lui contractées.

» Mais aujourd'hui que les fortunes réduites des négociants
» florentins ne permettent plus de telles libéralités, que l'oïdium
» ravage leurs vignes, les colons appauvris ne peuvent vivre du
» produit de leurs métairies, ne veulent ni ne peuvent faire d'a-
» méliorations.

» M. le marquis Ridolfi pour obtenir quelque résultat favorable,
» quand quelques-uns de ses concitoyens se bornent à refuser
» tout subside, se voit forcé pour ne pas laisser ses domaines im-
» productifs d'employer ses colons en valets de ferme, de les sol-
» der en cette qualité, jusqu'à ce que la culture, complétement
» modifiée, soit suffisamment améliorée, sauf à les replacer ensuite
» comme colons dans les métairies dégradées par eux, lorsque par
» les soins du propriétaire elles sont par ses labeurs et dépenses
» revenues en parfait état. »

Certes, voilà une expérience, voilà des faits qui vous semble-
ront écrasants pour le colonage partiaire. Nous n'en avons rien
dissimulé. Examinons maintenant les choses de plus près.

L'agriculture toscane est déchue de son ancienne prospérité ;
c'est un fait constant : nous en rechercherons tout à l'heure la
cause. Pour la restaurer, les propriétaires sont obligés d'avoir recours à l'exploitation directe ; c'est la marche rationnelle à suivre : aucun système de culture n'est comparable à celui-là quand
il est possible, et tout le monde en convient, excepté les partisans
exclusifs du fermage. Mais quand les métairies sont revenues en
parfait état, comment se fait-il que le propriétaire songe à les
remettre aux mains des colons? Comment se fait-il que les fermiers, si fiers de l'efficacité de leur exploitation, ne se présentent
pas pour tirer parti de tant d'améliorations faites par le propriétaire, quand il semble qu'il ne s'agisse plus que d'en jouir ? —
C'est que l'agriculture toscane est très-dispendieuse, et que des
fermiers ne pourraient s'en tirer qu'à la condition de réduire à
presque rien la rente du propriétaire. En Toscane, le fermage est
impossible : n'est-ce pas une condition à faire valoir en faveur du
colonage partiaire, que de le voir au moins possible là où le fermage ne l'est pas?

Alors que florissait l'agriculture en Toscane, la propriété territoriale était, dit M. de Gasparin, la moindre partie de la fortune
de ses possesseurs, et ils s'y attachaient comme à un objet de luxe
plus que pour son produit. Les domaines furent réduits au mini-
mum d'étendue ; chacun d'eux devint un jardin cultivé à bras,

planté avec soin de vignes, d'oliviers et de mûriers. — Ces petits terrains produisaient énormément, eu égard à leur étendue, mais le colon n'y pouvait pas utiliser toute sa famille, ni par conséquent l'y faire vivre. Les propriétaires du sol, industriels en même temps, employaient dans leurs manufactures les enfants du colon ; et comme leur propriété était pour eux un objet de luxe, ils y faisaient des dépenses d'agrément qui venaient en aide au tenancier. Aujourd'hui que les fortunes sont réduites, les propriétaires ont réduit les dépenses de luxe qui étaient une source de travail pour les colons, et il en résulte qu'une partie de la famille ouvrière ayant cessé forcément de produire, sans pouvoir cesser en même temps de consommer, la misère et le désespoir ont pris au foyer du cultivateur la place de l'aisance et de l'industrie. La cause de ce douloureux changement, ce n'est donc pas le mode d'exploitation adopté en Toscane, c'est la rupture de l'équilibre qui avait été établi entre les forces associées. Les capitaux du propriétaire ne venant plus se combiner avec le travail du colon, l'association ne peut plus avoir ni efficacité ni raison d'être.

On avoue encore une autre cause de ruine : c'est l'oïdium, qui a ravagé les vignes. Or, le vin entre, en général, pour moitié dans le produit des métairies toscanes. On comprend donc facilement que le colon ne puisse plus faire d'améliorations, puisqu'il ne peut pas vivre à de telles conditions. Dira-t-on que c'est le colonage partiaire qui a donné naissance à l'oïdium? Pense-t-on que l'oïdium eût respecté les vignes si elles eussent été entre les mains des fermiers? Croit-on que des fermiers eussent supporté mieux que des colons la perte de la moitié de leurs produits bruts, et qu'ils eussent continué à payer exactement la rente du propriétaire?

En général, les petites métairies toscanes ne donnent au colon pour sa part qu'un produit brut de 600 livres. Il est impossible qu'une famille ouvrière puisse vivre avec une aussi faible somme. Cependant les colons toscans se tiraient d'affaire, alors que leurs enfants étaient employés dans les manufactures et pouvaient gagner ainsi au dehors leur nourriture et leur entretien. Cette ressource venant à leur manquer, et le faible produit de leur travail devant subvenir désormais à la nourriture et à l'entretien d'une famille forcée à l'oisiveté, il devait en résulter nécessairement pour eux l'impossibilité de vivre. — Que sera-ce donc si à cette suppression de tout revenu supplémentaire vient s'ajouter la perte de la moitié du produit brut de la métairie, par suite de l'invasion de l'oïdium? Pense-t-on qu'un colon puisse nourrir sa famille, quelque restreinte qu'on la suppose, avec 300 livres de revenu ?

Ce qui arrive en Toscane ne peut donc en aucune façon être mis à la charge du colonage partiaire , puisque c'est le résultat de causes qui lui sont étrangères. Une des conditions les plus essentielles de ce mode de culture , c'est que le domaine exploité soit d'une étendue suffisante pour donner un produit brut assez élevé pour que la moitié de ce produit puisse en tout état de cause subvenir à l'entretien de la famille du colon et aux nécessités de la culture. Or, il n'en a jamais été ainsi en Toscane : le colonage partiaire y était donc établi sur des bases vicieuses, et il ne s'y est maintenu que par des moyens artificiels. De plus, un cas de force majeure impossible à prévoir, indépendant de tout système d'exploitation, est venu stériliser le travail des colons. — Nous avons donc le droit de conclure que la triste situation de l'agriculture en Toscane ne peut, à aucun titre, nous être opposée, puisqu'elle n'est imputable en aucune façon au système d'amodiation adopté dans cette contrée.

Il est une autre objection, sans cesse et partout renouvelée, que nous devons rapprocher de celle qui précède, parce qu'elle est dans le même ordre d'idées.

C'est, nous dit-on, dans les départements de l'Ouest, du Centre et du Midi de la France que le colonage partiaire est surtout en vigueur, et ce sont aussi ces départements qui sont restés en arrière en fait de progrès agricole. On en conclut que c'est le colonage partiaire qui est la cause de leur infériorité. — C'est encore là un préjugé qu'il est essentiel de réduire à sa juste valeur.

Disons d'abord que le métayage qui règne dans ces contrées, n'est pas le colonage partiaire tel qu'il doit être compris et appliqué. Nous n'avons jamais entendu donner notre approbation à une pratique trop généralement vicieuse, indéfinissable mélange de nous ne savons quel régime corvéable et de domesticité, et nous nous associerons, tant qu'on le voudra, à la critique qui en peut être faite.

Mais dans les contrées dont on nous oppose la triste situation, il existe aussi des fermiers ; et nous ne voyons pas qu'ils aient été jusqu'ici beaucoup plus utiles que les colons pour le progrès de l'agriculture. Il y a plus : les parties de notre département qui ont été récemment fertilisées par la marne, par la chaux, l'ont été surtout par des colons.

Laissons donc désormais de côté cette objection sans valeur ; l'infériorité de l'agriculture dans ces départements tient à des causes fort saisissables, mais tout à fait étrangères au système d'amodiation qui y est en usage.

Dans certaines régions, la densité moins grande de la population restreint le nombre des bras employés à la culture ; il en résulte que les fermes sont plus étendues, et qu'elles exigent des travaux hors de proportion avec la force ouvrière destinée à les exécuter. Dans de telles conditions, on est forcément amené à ne cultiver que les meilleurs terrains, à multiplier les jachères, à étendre le système purement pastoral. — Ailleurs, par suite des difficultés locales de la culture, par suite de l'absence de voies de transport, par suite encore de la concurrence des blés provenant de pays plus favorisés, le prix des grains reste constamment au-dessous des frais de production. Force est donc de s'y habituer à vivre de peu, et de ne cultiver que les produits rustiques qui se consomment sur place et qui sont moins exigeants. — Ailleurs encore, et presque partout, les capitaux manquent, et, avec les capitaux, les engrais. Or, le progrès agricole exige des avances considérables et beaucoup d'engrais. Sans doute l'agriculture, qui est la plus importante et, à vrai dire, la seule source réelle de la richesse sociale, doit se faire à elle-même son capital. Mais elle ne capitalise que bien lentement, parce qu'elle ne profite pas de son propre travail dans la même proportion que les autres industries. Le progrès agricole ne peut donc être atteint rapidement qu'à la condition qu'il sera facilité et accéléré par l'association du capitaliste et du cultivateur.

Ainsi, partout où les bras manquent, partout où les capitaux manquent, partout où les voies de communication manquent, partout où la nature oppose au travail de l'homme une résistance exceptionnelle, les progrès de l'agriculture seront difficiles et lents, parce que les populations seront contraintes de se borner à la culture de certains produits qui leur sont moins coûteux et plus spéciaux. — Mais à mesure que la population croîtra, à mesure qu'afflueront les capitaux, à mesure que s'ouvriront des voies de communication faciles et peu dispendieuses qui permettront à la production locale d'agrandir son marché et d'aller au-devant des consommateurs, on verra grandir en même temps le progrès agricole.

On me dira peut-être que le manque de bras dans les pays arriérés tient précisément au mauvais état de la culture, et que cette dépopulation du sol est encore la faute du colonage partiaire. On me rappellera ce mot de Montesquieu : *A côté d'un pain naît un homme.* C'est là un de ces aphorismes acceptés sans discussion, qui ont créé et propagé parmi les savants les préjugés les plus funestes de tous, les préjugés philosophiques. Pour être dans le vrai sur ce point, il faut renverser les termes de cette sentence et dire : *A côté d'un homme pousse un pain.* Il ne faut pas beaucoup de réflexion pour se convaincre que c'est l'homme qui crée sa subsistance, et que l'abondance ou la rareté des subsistances est sans action, nous ne disons pas sur la conservation, mais sur la création de l'homme. L'expérience démontre, et la statistique constate, que les populations pauvres sont en même temps les plus fécondes. Ne les voyons-nous pas, en effet, se décharger sans cesse par l'émigration d'un excédant toujours renaissant? La richesse établit parmi les populations un courant souvent dangereux et désordonné : elle les déplace ; mais elle ne les produit pas. L'homme quitte son pays pour aller chercher ailleurs le capital qui lui manque et qui peut centupler la force de ses bras. Si le capital était intelligent, il irait lui-même au-devant de l'homme ; et alors à quels magnifiques résultats ne faudrait-il pas s'attendre en faveur de l'économie sociale !

Prenons donc garde que le travail agricole n'a pas partout les mêmes lois; qu'il est des circonstances locales, indépendantes de la volonté ou de l'industrie de l'homme, qui hâtent ou retardent le progrès cultural, et que ce progrès n'arrivera jamais sur un point déterminé, qu'à l'heure où il y sera devenu possible par la réunion des forces qui sont appelées à le produire. En dehors de ces conditions, tous les systèmes d'amodiation seront impuissants.

Un de nos honorables collègues a émis l'avis que dans le Nord et, en général, dans les pays d'une grande fertilité, là où l'agriculture est bien comprise, où les fermiers sont riches et industrieux, le bail à ferme doit être préféré ; mais que dans le centre et dans le midi de la France, là où le sol est moins fertile, où la culture est arriérée, où les populations sont pauvres ; le colonage partiaire est le seul moyen de tirer bon parti du sol et de l'améliorer.

Cette opinion a le rare mérite d'être raisonnée et de s'asseoir sur des données qui ont une incontestable valeur. Elle vient en aide à mes conclusions, et rend justice au colonage partiaire. — Mais elle est trop absolue.

Il est certain que dans les pays riches et fertiles, là où l'on peut trouver facilement de bons fermiers, là où toutes les terres sont en valeur et donnent de bons produits, là où il est facile par conséquent de fixer la rente due pour la jouissance du sol à un taux convenable à la fois pour le bailleur et pour le preneur, la nécessité de l'association pour l'exploitation du sol se fait moins sentir. Dans de telles conditions, le fermier n'a pas besoin d'aide; le propriétaire ne redoute pas de perdre ses fermages, et il n'éprouve pas le besoin d'augmenter la rente. — Mais il n'en est pas moins vrai que le colonage partiaire appliqué dans ces conditions si favorables, n'en manifesterait que mieux son efficacité pour le progrès cultural. Et puis les considérations sociales que nous avons fait valoir à son profit, conservent ici comme ailleurs toute leur puissance.

Cette distinction (judicieuse du reste) doit donc, à notre avis, se borner à établir que, dans les circonstances agricoles les plus favorables, le colonage partiaire perd une notable partie de la nécessité de son application; qu'il est plus difficile alors de trouver des colons à des conditions convenables, et que le bail à ferme, toujours plus commode pour le propriétaire, présente ici beaucoup moins d'inconvénients.

En fait, le colonage partiaire s'efface partout à mesure que grandit le progrès agricole et qu'augmente la fertilité du sol. On en conclut que ce mode de culture est vicieux, puisqu'il disparaît en face du progrès, et on l'accuse de ruiner l'agriculture, parce qu'on ne le voit subsister que dans les pays pauvres et arriérés.— Je rentre ici dans l'objection qui consiste à dire que, dans le Midi, le colonage partiaire ne présente que de bien tristes résultats.— Ce n'est là qu'une illusion d'optique. Dans les pays très-fertiles et très-éclairés, on fait honneur au bail à ferme de résultats qui ne sont dus qu'à la fécondité du sol, à la facilité de la culture, à l'industrie des habitants : dans les contrées moins favorisées, on rend le colonage partiaire responsable de la stérilité du sol, des difficultés locales, de l'intempérie des saisons, du manque d'industrie des cultivateurs. Si vous voulez que cet argument soit concluant, changez les rôles, établissez un colon industrieux dans une des riches fermes du Nord, placez un fermier habile dans une de ces ingrates exploitations du Midi : cette expérience comparative pourra devenir alors concluante. Jusque-là nous protesterons contre la maxime, *post hoc, ergo propter hoc.*

Les économistes qui ont traité cette question avec la froide réflexion et la sage impartialité qu'elle exige, ne s'y sont pas trompés. Aussi M. H. Passy reconnaît-il que « c'est dans les contrées méridionales de l'Europe que le métayage *agit le plus heureusement sur les cultures.* Là, dit-il, tout , dans la constitution et le régime des campagnes, *fait de l'intervention active et directe du propriétaire une nécessité à peu près constante...* Les circonstances, ajoute-t-il, qui prêtent à l'association entre les maîtres du fonds et ceux qui l'exploitent *tant d'utilité* dans le midi de l'Europe, perdent de leur empire à mesure que le climat se refroidit, et que la production rurale *cesse d'exiger autant de dépenses de fonds.* » Il résulte de là, ce nous semble, que loin d'être la cause de l'infériorité agricole du midi de la France et même de l'Europe, le colonage partiaire, si vivement attaqué, ne s'y est maintenu que grâce à l'impuissance du bail à ferme, en présence des difficultés de la culture et de l'inclémence du climat. C'est donc là un fait concluant, non pas à l'encontre, mais en faveur du colonage partiaire. — Quant à l'absence de mise en pratique de ce système d'exploitation dans les contrées fertiles du Nord, c'est un fait très-naturel et qui s'explique très-facilement.

En effet, plus le sol est fertile et moins il exige d'engrais ; plus la culture est facile et moins elle occupe de bras ; plus la température est favorable, moins elle est variable, et plus est normale la production du sol. Dans de telles conditions, l'association des forces productives n'est plus nécessitée par leur insuffisance ; il n'y a presque rien d'aléatoire dans le rendement annuel ; les frais de culture sont beaucoup moins élevés, eu égard au produit. Le fermier, alors, peut offrir pour la location du sol un prix fort convenable, tout en se réservant de beaux profits. Il est évident qu'en pareil cas la nécessité du colonage partiaire ne se fera pas sentir, bien que son efficacité reste toujours la même.

Ajoutez à cela que dans les contrées exceptionnelles dont on nous oppose l'exemple, les fermiers sont riches et disposent de capitaux considérables. Ils peuvent donc, jusqu'à un certain point, suppléer à l'absence du propriétaire. Nous disons, *jusqu'à un certain point* , car le propriétaire qui afferme à prix certain, exporte sans retour la rente qu'il tire du sol et n'en applique rien aux améliorations agricoles, non plus qu'au développement des diverses branches du travail local. De là, une des causes de l'augmentation rapide du paupérisme dans ces contrées citées pour leur avancement agricole et leur fertilité. N'est-ce rien que cet effrayant problème du paupérisme, qui a grandi et qui est devenu presque insoluble dans les riches contrées soumises au système d'amodiation à prix certain ?

Ainsi, dans le Nord, dont on nous oppose toujours l'exemple, nous voyons à côté de fermiers opulents un prolétariat affamé qui menace la paix du monde en même temps qu'il accuse le système économique mis en honneur de nos jours ; et au-dessus de ces fermiers, nous voyons des propriétaires devenus comme étrangers sur ce sol qu'ils possèdent, inconnus aux populations auxquelles ils ne viennent plus en aide, dépensant ailleurs leurs revenus, vivant comme de simples rentiers, et n'ayant même plus la libre disposition de leur propriété, grâce à ces coalitions de fermiers connues sous la dénomination de *mauvais gré*, dont il ne sera pas inutile de parler ici en peu de mots.

Ces coalitions existent surtout dans les départements du Nord, de la Somme et de l'Aisne. Elles ont pour but d'empêcher que les fermes soient louées à d'autres que ceux qui les occupent actuellement. Des voies de fait suivent toujours les infractions à ce pacte ; l'incendie et l'assassinat viennent punir l'audacieux fermier qui a consenti à surenchérir ; et ces départements sont tellement décriés que le prix des immeubles y a baissé et que la vente en est difficile. Le droit au bail y est préféré à la propriété même. Les fermiers en trafiquent sans l'aveu du propriétaire ; ils le partagent entre leurs enfants, le donnent en dot à leurs filles ; et si le propriétaire veut s'opposer à cet abus, s'il veut tirer un meilleur parti de son domaine et profiter du mouvement ascensionnel produit par le progrès-agricole, ses terres sont dénoncées aux associés du *mauvais gré*, et elles restent en friche faute de fermier. De sorte que le bail a ferme est devenu là forcément emphytéotique, et qu'en fait, le propriétaire y est dépouillé du droit de disposer de son domaine à son gré.

Ce n'est pas tout : « On remarque, dit le *Moniteur de la pro-
» priété et de l'agriculture* du 31 juillet 1840, que dans les can-
» tons infectés de *mauvais gré* la routine est plus vivace qu'ail-
» leurs, les préjugés plus nombreux, les nouvelles méthodes de

» culture plus repoussées et même inconnues, les mœurs et les
» habitudes plus brutales et plus grossières. »

Ainsi, d'une part, ces fermiers se coalisent pour perpétuer leur
jouissance malgré les propriétaires; et quand ils se sont assuré
cette jouissance, quand ils ont obtenu la sécurité de ce *long bail*
que les économistes regardent comme la panacée agricole, ils ne
s'en servent que pour s'endormir dans la routine et dans les préjugés. Certes, le colonage partiaire n'offre pas le pendant d'un
pareil abus.

Mais, dira-t-on peut-être, il dépendrait de l'autorité de faire
disparaître ces coalitions criminelles en sévissant contre elles. —
Cela est si peu facile que tous les pouvoirs publics ont échoué
jusqu'ici dans les tentatives qu'ils ont faites pour détruire cet
abus (1). Par la connivence de tous, les coupables ont toujours
échappé à la peine. On a vu dans une église, au milieu de deux
cents personnes, un malheureux fermier tué d'un coup de fusil,
sans que sa mort ait pu être vengée. Depuis longues années, toutes
les autorités locales ont réclamé et appliqué en vain des mesures
exceptionnelles. En dernier lieu, le Conseil général du département
du Nord a émis le vœu de rendre les fermiers responsables des
dégâts, crimes ou délits qui seraient commis par suite du retrait
des baux. Mais ce vœu n'a servi qu'à constater l'étendue et la
gravité du mal.

On le voit donc, tout n'est pas à admirer et à envier dans le
système du fermage, même tel qu'il est appliqué dans les contrées
fertiles du Nord de la France.

En ce qui concerne l'Angleterre, voici ce que nous lisons dans
la *Revue britannique* du mois d'avril 1854 :

« Dans les provinces centrales de l'Angleterre, beaucoup de
fermiers sont insolvables. Les fermes que leurs pères et les pères
de leurs pères ont habitées, commencent à se délabrer, faute des
soins nécessaires. Des millions d'acres de terrain autrefois cultivés
sont en friche. Dans les comtés de Surrey et de Sussex, telle terre
que l'on prenait à bail, il y a quarante ans, à raison de 14 schellings par acre, ne peut trouver de fermier qu'a raison de 5 schellings par acre : la taxe actuelle des pauvres s'élève à 10 schellings

______

(1) Voir à ce sujet l'*Arrêt du conseil d'État du roi, du 25 mars* 1724, et les
procès-verbaux de la *commission consultative* de Douai sur le projet du
Code rural.

par acre.... Et ne croyez pas que ces tristes détails soient fondés sur des hypothèses vagues, sur de chimériques aperçus. Ils sont consignés dans les nombreuses enquêtes ordonnées par la chambre des Communes. Si tous les fermiers Anglais, a dit l'un des témoins, se trouvaient forcés de remplir leurs engagements, la moitié d'entre eux ferait banqueroute.

» Les résultats de cette détresse sont incalculables. La terre, mal cultivée et à moins de frais, se détériore et donne de mauvais produits : on emploie un nombre moindre de journaliers. Que de bras sans travail et de bouches affamées ! »

Nous prions ceux qui nous objectent la situation présente de l'agriculture en Toscane, de méditer cet exposé non suspect de l'état de la culture en Angleterre.

Le colonage partiaire n'a motivé qu'une seule objection qui soit réellement sérieuse : et je ne sache pas qu'elle ait été produite dans la discussion dont je résume les incidents.

« Le métayage, dit M. H. Passy, a un vice radical, dès long-
» temps aperçu par A. Smith, c'est la forme dans laquelle s'ef-
» fectue le partage du revenu territorial. En attribuant au
» propriétaire pour prix de loyer une portion fixe du produit
» brut de l'exploitation, il exclut des cultures les végétaux qui
» réclament les plus grands frais de production ou ne leur y laisse
» pas une place suffisante, et par là il arrête les progrès de l'art
» et de la richesse agricole. »

J'ai déjà répondu à cette objection dans mon premier travail ; mais la question est assez sérieuse pour que nous y revenions ici avec quelque détail Suivons donc M. H. Passy dans son raisonnement.

« Le métayer, dit-il, paye en nature : ce qu'il doit, c'est une
» certaine portion du produit brut obtenu, et dès lors il a un
» intérêt constant à consulter dans le choix des récoltes, non pas
» ce qu'elles peuvent laisser par hectare les dépenses de culture
» recouvrées, mais le rapport établi entre le montant des frais de
» production et la valeur totale des récoltes. Pour lui, les meil-
» leures cultures sont celles qui demandent peu d'avances, les
» plus mauvaises sont celles qui en demandent beaucoup, quel
» que puisse être le chiffre de l'excédant réalisé. »

Il y a ici une confusion de mots, et par suite une confusion d'idées. Si c'est à dessein que M. H. Passy emploie ici l'expression de *métayer*, et s'il désigne par là un colon payant toujours et en tout état de cause *la moitié* du produit brut, son assertion est fondée : elle condamne absolument la manière illogique et routinière dont on applique trop souvent le contrat de culture à part de fruits. Mais si , comme nous le croyons, son observation s'adresse au contrat de colonage partiaire en général, elle porte à faux ; car ce contrat ne détermine pas *à priori* et uniformément la quotité du produit brut qui devra être payée par le colon. Et ici on doit comprendre de quelle importance il est de ne pas confondre le colonage partiaire avec le métayage.

Le métayage est bien une des formes du colonage partiaire , puisque c'est un mode de fermage à part de fruits ; mais le colonage partiaire n'est pas et ne doit pas être toujours métayage , parce que la part des fruits n'est pas et ne peut pas être toujours fixée à la moitié. Et cela est si vrai que M. H. Passy a dit lui-même, quelques lignes plus haut : « Le partage s'effectue habi-
» tuellement par moitié ; il est des lieux cependant où il donne
» aux propriétaires les deux tiers du produit brut, d'autres où il
» ne leur laisse que les deux cinquièmes et moins encore. »

Donc , la quotité du partage doit être justement *le rapport établi entre le montant des frais de production et la valeur totale des récoltes.* Cette quotité une fois fixée par le bail , d'après le système de culture adopté pour le domaine qui fait l'objet du contrat, et eu égard aux difficultés de l'exploitation ainsi qu'aux chances aléatoires, il n'y a plus d'objection possible.

On insistera, cependant, et on pourra nous dire : Mais le progrès agricole ne s'arrête pas. Quelque soin que vous ayez pris de déterminer d'avance le meilleur mode de culture à suivre eu égard à la situation présente du domaine, il arrivera nécessairement dans le courant du bail que des découvertes nouvelles ou l'amélioration de votre sol vous feront sentir la nécessité d'adopter des cultures plus productives, mais aussi plus dispendieuses. Dans ce cas-là , l'objection se représentera dans toute sa force. Le progrès agricole sera entravé, et le bailleur ne retirera pas de son domaine tout le produit qu'il en pourrait attendre.

Nous pouvons répondre hardiment qu'il n'en sera pas ainsi , car il y va en même temps de l'intérêt des deux parties. Le bailleur alors prendra à sa charge une partie du surcroît de frais que la nouvelle culture devra occasionner, et, loin d'être compromis, le progrès agricole sera d'autant mieux assuré que le bailleur et le

preneur y trouveront un égal profit. — Prenons l'exemple cité
par M. H. Passy.

» Supposez, dit-il, un lieu où l'hectare cultivé en seigle exige
» 45 fr. de frais de production pour rendre 125 fr., et où le
» même hectare cultivé en froment exige 120 fr. de frais pour
» rapporter 250 fr...; l'hectare en seigle, pour 45 en donne 125,
» et la moitié de la récolte demeurant au métayer c'est 15 fr.
» qu'il aura de bénéfice; l'hectare en blé, au contraire, coûtant
» 150 fr. pour en produire 250, ne lui laissera, vu ses avances,
» pour sa moitié qui montera à 125 fr., que 5 fr. de rétribution,
» c'est pour la culture du seigle qu'il optera. » — Oui, si le bail-
» leur et le colon sont affligés d'une égale ineptie.

Supposons qu'il en soit autrement; voici ce qui se passera :

Le propriétaire dira au colon : Depuis longtemps nous ne cultivons que du seigle, et nous n'en retirons pas grand'chose.
Cultivons du froment, nous nous en trouverons bien. Je sais que
vos frais en seront augmentés de 75 fr. par hectare; mais j'en
supporterai le tiers, parce que cela est juste. Et voici quel sera
pour nous le résultat de cette innovation: l'hectare de seigle vous
coûte 45 fr. et vous en produit 62 fr. 50, ce qui vous donne
17 fr. 50 c. de bénéfice; l'hectare de froment vous coûtera 95 fr.
et vous en donnera 125, c'est-à-dire 30 fr. de profit. Pour moi
propriétaire, l'hectare de seigle me donne 62 fr. 50 c. et ne me
coûte rien : l'hectare de froment me coûtera 25 fr., mais il m'en
donnera 125, c'est-à-dire 100 fr. net; 37 fr. 50 c. de plus que le
seigle. — N'est-il pas évident que le colon ne balancera plus à
adopter la culture plus coûteuse du froment, puisqu'elle doublera
presque son produit net?

M. H. Passy a donc eu tort d'avancer que c'est là un obstacle
au progrès qu'il n'est pas possible de faire entièrement disparaître. Sans aucun doute, on n'obtiendra pas du colon partiaire,
lorsque les clauses et conditions du bail auront été arrêtées d'a-
vance, qu'il aggrave sa position et la rende impossible en cultivant
des plantes dont l'éducation lui coûterait au delà de la part du
produit qui doit lui en revenir : il serait déraisonnable d'exiger cela
de lui. Mais en intervenant comme il le doit, pour rétablir l'équilibre, le propriétaire rendra possibles et productives les cultures
les plus dispendieuses.

L'honorable économiste que nous combattons ici, n'a vu d'autre moyen de rétablir l'équilibre entre les frais et la production,

entre le propriétaire et le colon que *des proportions de partage différentes, suivant la nature des productions;* et cette méthode lui semble, avec raison, hérissée de gêne, de difficultés, d'inconvénients. N'est-il pas plus naturel que le propriétaire contribue au surcroît des frais de production? Ce système ne présente ni difficultés pour les évaluations, ni gêne pour la culture, ni prétextes à la fraude. Il est d'ailleurs appliqué partout dans le colonage partiaire, quand il s'agit de dépenses extraordinaires à faire pour les défrichements, les marnages, etc., etc.

Convenons donc qu'aucun progrès, aucune culture, aucun bénéfice ne sont interdits au colon partiaire, lorsque l'association entre le propriétaire et lui est sérieuse, raisonnée, conduite avec intelligence et bonne foi de part et d'autre. Partout où il en est autrement, la faute en est, non pas au colonage partiaire, non pas au colon, mais au propriétaire qui ne comprend ni les intérêts sociaux, ni les siens propres. Un tel propriétaire, nous en convenons, n'a rien de mieux à faire que de livrer à un fermier l'exploitation de son domaine, puisqu'il est incapable d'en tirer parti autrement. Le colonage partiaire exigeant l'intervention du propriétaire, n'est profitable, n'est possible qu'autant qu'il est mis en pratique par un propriétaire intelligent.

Terminons ce que nous avons à dire sur ce point par une dernière citation du travail de M. H. Passy.

« Dans les départements les plus arriérés, les frais de produc-
» tion ne dépassent pas, en moyenne, toute compensation faite
» entre les diverses cultures, 30 fr. par hect., et l'on y obtient en-
» viron 70 fr. de revenu brut. Dans les départements avancés, au
» contraire, la dépense monte à 200 fr. et plus par hect.; et à ce
» prix on réalise un produit brut de 320 fr. au moins, laissant
» aux fermiers, tant pour acquitter le loyer du sol que pour leurs
» bénéfices, environ 120 fr. Dans ceux-ci, la richesse annuelle-
» ment retirée du sol, en sus du coût de la production, arrive au
» triple de ce qu'elle est dans les autres, et c'est au moyen d'a-
» vances presque sextuples qu'on la recueille. C'est ainsi que
» s'accomplissent les progrès. »

La pensée de l'honorable auteur, en plaçant ici ce document statistique, est évidemment de démontrer que le colonage partiaire est incapable de faire sortir nos départements arriérés de leur état d'infériorité. En effet, d'après sa manière d'établir le compte des profits et pertes du colonage partiaire, il en résulte-

rail ceci : dans les départements arriérés, le produit brut étant
de 70 fr. par hect. c'est 35 fr. pour le propriétaire et 35 fr. pour
le colon. Celui-ci supportant 30 fr. de frais, il lui reste 5 fr. de
bénéfice. — Dans les départements en progrès, le métayage est
impossible; car le produit brut étant de 340 fr., c'est 160 fr. pour
chaque associé. Or, le colon supportant 200 fr. de frais, il se trouverait en déficit de 40 fr. par hect. — Le sens commun n'admet
pas que le colonage partiaire puisse jamais être compris de telle
sorte qu'il arrive à ce résultat impossible, et c'est ici le cas de dire :
Qui prouve trop ne prouve rien. Reprenons donc ce calcul.

Un propriétaire intelligent veut tirer bon parti d'un domaine
situé dans un département arriéré ; le mettra-t-il à bail à prix
certain? Impossible. Il est incontestable, il est d'expérience qu'on
ne trouvera pas dans un tel département un seul fermier qui soit
en état de *septupler* les frais de production. Cela n'est pas con-
testable. On ne trouvera pas davantage un fermier qui veuille
d'un seul coup porter de 40 à 140 fr. le prix de location d'un
hectare de terre. Cela ne s'est pas vu et cela ne se verra pas.
Quoi qu'on fasse, on n'arrivera donc au progrès cultural, par le
système des baux à ferme à prix certain, que très-lentement , le
fermier manquant toujours de capitaux et de crédit.

C'est donc au colonage partiaire qu'un propriétaire éclairé ira
demander le progrès agricole et une augmentation de revenu. Il dira
à son coassocié, le colon : Avec votre système actuel de culture ,
chaque hectare ne vous occasionne que pour 30 fr. de dépense; mais
il ne vous donne que 5 fr. de bénéfice net. Pour moi, je n'ai rien à
débourser pour les frais de culture, et je retire 35 fr. du produit de
chaque hectare. Je vous propose d'élever de 30 fr. à 200 fr. les
frais de culture, ce qui élèvera le produit de 70 fr. à 320 fr.
Comme je ne veux rien changer au mode de partage des fruits et
qu'alors les frais de culture dépasseraient la moitié qui vous est
dévolue, je contribuerai pour un tiers dans le surcroît de dépense que vous aurez à subir. Vous débourserez donc 143 fr. pour
en obtenir 160, c'est-à-dire 17 fr. de bénéfice net, plus du triple
de votre bénéfice actuel. Je dépenserai 57 fr. pour en recueillir
160, c'est-à-dire 103 fr. net, un peu moins du triple de ce que je
perçois aujourd'hui. Et comme les capitaux vous manquent, je
vous ferai l'avance de cette somme de 116 fr. par hectare que
vous serez obligé de débourser, sauf à la reprendre sur votre portion à la récolte prochaine.

Je le demande, se peut-il imaginer un système plus simple, plus logique, plus équitable? Se pourra-t-il trouver un seul colon qui refuse de souscrire à de pareilles conditions ? Est-il un moyen plus facile, plus rapide, plus sûr d'arriver au progrès agricole et de tripler la rente payée par le sol?

Oui, pouvons-nous dire en empruntant les paroles de M. H. Passy, « c'est ainsi que s'accomplissent les progrès. Les parties de la » France en retard ne pourront se rapprocher de celles qui les » ont devancées, qu'en portant sur les terres plus de capitaux et » de travail. » Or, aucun système d'amodiation n'est plus riche en capitaux et en travail que le colonage partiaire : donc c'est au colonage partiaire sainement entendu et rationnellement appliqué qu'est réservée la tâche de faire prospérer l'agriculture là où elle est encore arriérée.

Vous le voyez, Messieurs, je n'ai dissimulé aucune des objections qui ont été produites ici contre le colonage partiaire ; celles qui ne s'étaient pas présentées dans la discussion, je les ai formulées pour les faire passer sous vos yeux ; je crois n'en avoir oublié aucune. En regard de ces objections, vous avez entendu le témoignage des agriculteurs praticiens que vous avez consultés, et celui, non moins précieux pour nous, de plusieurs de nos collègues, qui ont bien voulu prêter à la cause que je défends l'appui de leur expérience et de leur talent. Ne vous est-il pas démontré maintenant que ce système si simple et si naturel d'amodiation a été trop longtemps la victime d'un préjugé dont on a peine à s'expliquer l'origine ?

Toutefois, parmi les avantages qu'on a fait valoir à son profit, il en est un que nous ne pouvons accepter : *le colon*, a-t-on dit, *est toujours dominé par le propriétaire.* Si le bail à colonage partiaire était consenti sur une pareille base, il justifierait une partie des reproches qui lui ont été adressés. C'est, en effet, cette *domination* du propriétaire qui paralyse trop souvent l'efficacité du colonage partiaire, en faisant du colon un agent absolument passif, sans initiative, sans dignité, et, par conséquent, sans émulation, sans désir et presque sans possibilité de progrès. Ainsi entendu, ce contrat cesserait d'être une association, et il serait abaissé au niveau de la domesticité.

Il faut le reconnaître, bien que le colon ait toujours été chez les Romains, dès le temps de Caton, une personne libre, en fait, il

n'avait pas alors une grande liberté d'action. En enjoignant de se
servir pour diriger la culture d'*Italiens* et d'*hommes libres*, la loi
de Licinius Stolo excluait à la fois l'esclave et le métæque ou *pere-*
grinus. Mais il est facile de voir que le colon romain n'était guère
à cette époque qu'un régisseur à salaire proportionnel : et cela
explique cette qualification de *coloni liberi* donnée alors aux fermiers, tandis que le colon partiaire était appelé simplement *politor*
ou *partiarius*. Toute propriété que le maître ne faisait pas valoir,
soit par lui-même, soit par un régisseur en titre, était confiée à
ce *politor*, qui recevait, pour prix de ses soins et de son travail,
une portion de la récolte en nature. Les fermiers (*coloni liberi*)
n'étaient qu'un pis-aller auquel on avait rarement recours. Le
politor recevait du cinquième au neuvième du produit en grain ;
et le propriétaire fournissait tout, le sol, les esclaves ou journaliers,
les bestiaux, les semences, les outils, les vases et instruments,
enfin tout le mobilier nécessaire à l'exploitation. Il y a loin de là,
on le voit, à cette association féconde qui constitue tout l'avantage
du véritable colonage partiaire.

Le travail auquel je fais ici allusion est trop remarquable et trop
substantiel pour que je n'aie pas à cœur de voir son honorable auteur abandonner cette opinion de la *domination nécessaire*, suivant
lui, du bailleur. On remarqua chez les Romains que la substi-
tution du travail des esclaves à celui des hommes libres fut perni-
cieuse pour l'agriculture. *Coli rura ab ergastulis*, dit Pline, *pessi-*
mum est, et quidquid agitur a desperantibus : or, c'est quand le
colonage partiaire devient une sorte de domesticité que le colon
désespère, et c'est quand il en est ainsi que ce système d'amodiation perd toute son efficacité.

Il ne me reste plus maintenant, Messieurs, qu'à faire passer sous
vos yeux un projet de bail à colonage partiaire, afin que chacun
puisse se rendre compte de la facilité avec laquelle ce système peut
être mis en pratique.

MODÈLE DE BAIL A COLONAGE PARTIAIRE.

Par-devant , etc.
fut présent

lequel a par ces présentes donné
à colonage partiaire pour (1)
années entières et consécutives, qui commenceront le 29 (2) septembre 18   pour finir à pareille époque de l'année 18   .
A
Le domaine de   , situé à

(1) La durée du bail a beaucoup moins d'importance ici que dans le bail à
ferme, le colon n'ayant pas à entreprendre seul de grandes améliorations foncières, et n'étant chargé que des dépenses ordinaires de la culture. Ce contrat,
d'ailleurs , étant surtout déterminé par des considérations personnelles de
capacité, d'intelligence, de probité, de bonne entente mutuelle , il n'est pas à
craindre qu'il soit jamais rompu tant que subsisteront les motifs qui l'ont fait
contracter , et , si ces motifs venaient à disparaître, aucune des parties n'a
intérêt à ce qu'il subsiste. C'est donc dans une réconduction périodique, ame-
née naturellement par une bonne gestion et par une heureuse entente , qu'il
faut chercher l'efficacité du bail à colonage partiaire.
Cependant, il est essentiel que le colon ne soit pas à la merci d'un caprice
ou d'un mouvement de vivacité du bailleur. On doit donc proscrire absolument l'usage abusif qui règne en beaucoup d'endroits, de laisser la durée du
bail indéfinie; de telle sorte que le propriétaire soit toujours libre d'expulser le
colon. Cette durée ne devrait jamais être moindre qu'une rotation complète
de l'assolement, et il y aura toujours avantage pour les deux parties à stipuler
pour deux rotations au moins.
(2) L'époque de l'entrée en jouissance n'est pas chose qu'on puisse fixer
arbitrairement. Elle a lieu, suivant les usages locaux, tantôt au 25 mars,
tantôt au 24 juin, tantôt au 29 septembre. Cette dernière époque est la plus
rationnelle.
Il est essentiel, en effet, que la jouissance du colon soit complète dès son entrée
dans le domaine : il n'en peut être ainsi qu'autant que cette entrée aura lieu le
29 septembre, car alors toutes les récoltes sont faites. La mise en jouissance à
cette époque a bien l'inconvénient de laisser au colon sortant le soin de pré-
parer les guérets pour les ensemencements d'automne , qui devront être faits
par son successeur. Mais, à tout calculer, cet inconvénient, quelque sérieux
qu'il soit , est beaucoup moins préjudiciable à la bonne culture et à l'intérêt
des parties que ne le serait une jouissance incomplète et partagée pendant
toute une année.

commune de   canton de   arrondisse·
ment de   et comprenant, savoir :

1° Habitation du colon, bâtiments d'exploitation, servitudes et dépendances ;

2° Terres labourables et non labourables, jardins, vignes, pâtis, brandes, bruyères, marais, incultes, etc., etc,

d'une contenance de   hectares, savoir :

h.   a.   c.

En terres labourables.

En prés naturels.

En prés artificiels.

En bois.

En vignes.

En brandes.

En pâtures.

En marais.

En jardins.

Tel que le tout se poursuit et comporte, et conformément à l'extrait de la matrice cadastrale ci-annexé. Les preneurs déclarent, au surplus, connaître suffisamment le domaine et n'en pas désirer une plus ample désignation.

Réserves.—Sont expressément réservés comme ne faisant pas partie du bail les produits des carrières, marnières, etc. qui existent ou qui pourraient être ouvertes sur le domaine. Le bailleur les fera exploiter à son profit, sauf les exceptions dont il sera parlé ci-après.

Sont également réservés : 1° la futaie dite

d'une contenance de   hectares   ares   centiares, confrontant   ; 2° le bois taillis dit

d'une contenance de

confrontant   etc.

Le bailleur se réserve encore pour son usage particulier : 1° la chambre située   ; 2° le hangar qui se trouve   ; 3° la petite écurie   ;

4° le grenier à blé situé   etc. (3)

---

(3) Ce modèle de bail est rédigé en vue d'une exploitation agricole dont les seuls produits essentiels seraient les céréales et les bestiaux. Voilà pourquoi nous indiquons comme devant être réservés : les carrières, les bois, etc., à quoi on pourrait ajouter les vignes, les étangs, les marais, etc. Si le colon

Ce bail est fait sous la condition du partage égal entre le bailleur et les preneurs de tous les produits bruts de l'exploitation (4) autres que ceux qui sont ou qui seront ci-après réservés, et en outre aux charges, clauses et conditions suivantes, que les bailleurs et les preneurs s'obligent réciproquement et solidairement entre eux, un seul de chaque part pour le tout, à exécuter loyalement et de bonne foi.

Art. 1er. Les preneurs occuperont avec leur famille la maison d'habitation et ses dépendances; ils jouiront de tous les bâtiments et servitudes, autres que ceux expressément réservés.

Art. 2. Ils se pourvoiront à leurs frais et garniront les lieux de tous meubles, outils, harnais et équipages d'exploitation nécessaires pour la bonne culture du domaine, tels qu'ils sont en usage dans les fermes bien tenues du pays, et ils les entretiendront toujours en bon état de service (5).

Le bailleur pourra, s'il le juge convenable, leur fournir à ses frais des instruments plus perfectionnés dont il demeurera propriétaire. Ils seront tenus de s'en servir et de pourvoir aux dépenses usuelles de leur entretien.

Art. 3. Les preneurs entretiendront les bâtiments en bon état des réparations locatives, et ils souffriront que le bailleur y fasse toutes celles qui le concernent, encore bien qu'elles dussent durer plus de quarante jours.

---

devait être chargé de l'exploitation de ces diverses natures de propriété, il y aurait lieu d'établir des conditions spéciales, car les produits bruts qu'elles peuvent donner ne pourraient pas être partagés dans la même proportion que les produits agricoles, sans que le colon ou le propriétaire fussent lésés.

Il y a donc lieu de prévoir ici toutes les réserves d'une manière bien nette, ou d'établir des conditions spéciales pour la répartition des charges et des produits de l'exploitation de chaque chose; à moins qu'il ne soit possible d'établir entre elles une compensation équitable.

(4) On prévoit ici le partage par moitié, parce que c'est le plus usuel, le plus facile, et qu'il est équitable dans les conditions supposées de l'exploitation. Mais il est bien évident que l'on devrait déterminer une autre proportion si l'exploitation était plus onéreuse pour le colon, ou si elle l'était moins.

(5) Cet article est un de ceux qui permettent d'établir l'équilibre entre les frais de culture et le produit net du colon. Si la culture du domaine est onéreuse, le bailleur peut venir ici en aide au colon, soit pour la fourniture, soit pour l'entretien de tout ou partie des instruments de culture, harnais, charrettes, etc. Il est des lieux où le bailleur fournit les charrettes, qui sont entretenues à frais communs. Dans d'autres contrées, les charrettes se payent et s'entretiennent par moitié. Ce sont là des conditions à débattre.

Art. 4. Ils feront à leurs frais tous les charrois de matériaux nécessités par les réparations de quelque nature qu'elles soient.

Art. 5. Il tiendront en bon état les murs à pierres sèches, haies vives ou mortes, fossés, échaliers, barrières, charrières, chemins d'exploitation, rigoles d'écoulement.

Art. 6. Ils se conformeront aux lois actuelles ou à celles qui pourraient être promulguées par la suite, ainsi qu'aux règlements administratifs concernant l'échenillage, la destruction des autres animaux et des plantes nuisibles, le faucardement des cours d'eau, etc.; ils demeureront personnellement responsables du défaut d'exécution de toutes les mesures qui pourraient être prises à ce sujet.

Art. 7. Le bailleur faisant assurer à ses frais tous les bâtiments du domaine, les preneurs s'obligent à faire assurer à leurs frais, pour toute la durée du bail, leurs meubles meublants, le mobilier agricole qui leur appartient et leurs risques locatifs.

Les bestiaux et les récoltes engrangées ou en meules seront assurés, à frais communs, à une compagnie choisie par le bailleur (6).

Art. 8. L'impôt personnel et mobilier, celui des portes et fenêtres et celui de la prestation seront acquittés par les preneurs.

Les autres impôts dont la propriété est actuellement frappée ou dont elle pourrait être frappée pendant la durée du bail, pour quelque cause que ce soit, seront payés par moitié. Mais les preneurs en devront faire l'avance aux époques fixées par les lois, et ils demeureront responsables de tout retard ou défaut de payement. Le bailleur les remboursera de sa moitié sur la présentation des quittances (7).

---

(6) La nécessité des assurances contre l'incendie n'est pas assez comprise. Il n'est pas étonnant que les colons y répugnent quand les propriétaires eux-mêmes ne la comprennent pas. On ne saurait donc trop recommander l'insertion de cette clause dans les baux. Un incendie peut ruiner le colon, et faire perdre au propriétaire son gage, une partie notable de son capital et une ou deux années de son revenu. Il est imprudent de courir cette chance, quand on peut s'en garantir par une modique prime.

Cette observation peut s'appliquer aussi aux assurances contre la grêle et contre les épizooties.

(7) Cet article, ainsi que le 7e et le 2e, permet encore d'équilibrer les charges. Si la culture, eu égard aux circonstances locales, est plus dispendieuse, le bailleur se chargera de ces dépenses; si elle l'est moins, les preneurs consentiront à les supporter en entier.

Art. 9. Les preneurs jouiront en bons pères de famille, sans commettre ni souffrir qu'il soit commis sur le domaine aucunes malversations ou dégradations, aucuns déplacements de bornes, aucune usurpation. De tout quoi ils devront prévenir immédiatement le bailleur à peine de dommages-intérêts.

Art. 10. Ils jouiront de la tonte des arbres et haies qu'on a l'habitude d'émonder, à la charge de les couper en temps, âge et saison convenables, en suivant l'aménagement établi présentement (8).

Art. 11. Les autres bois, de quelque nature qu'ils soient, étant réservés par le bailleur, les preneurs n'en pourront couper aucun par pied, ni vif ni mort, ni en émonder aucun sans le consentement exprès et par écrit dudit bailleur.

Art. 12. Néanmoins, les preneurs useront du pacage dans les bois réservés, en se conformant aux prescriptions suivantes (9) :

Art. 13. Ils remplaceront à leurs frais, pour la main-d'œuvre seulement, les arbres portant fruit qui viendraient à périr ; et ils en planteront à nouveau   , par année, dans les endroits désignés par le bailleur, qui leur fournira les sujets ou plants.

(8) Si la culture du domaine est onéreuse, il sera convenable de joindre aux étronçures, dans le cas d'insuffisance, un petit lot de bois, afin que le colon en ait sa provision.

(9) La question de savoir si l'on doit permettre ou proscrire le pacage dans les bois est fort controversée. Ceux qui le défendent absolument disent que la dépaissance dans les bois est nuisible à tout âge ; qu'elle empêche le repeuplement et agrandit les clairières ; que la présence seule des brebis dans le voisinage arrête la circulation de la sève. Ils ajoutent que les animaux ne trouvent dans les bois qu'une très-chétive nourriture ; qu'ils y contractent même souvent des maladies ; qu'ils y perdent beaucoup de fumier et en font peu à l'étable.

Les partisans du système contraire répondent que, lorsque les bois sont en bon état et *bien réellement défensables*, le pacage leur est avantageux au lieu de leur être nuisible. Les animaux détruisent tous les rejetons parasites qui épuiseraient le sol : ils empêchent la formation de cette épaisse couche de mousse qui entrave l'action nécessaire de l'air ; leur piétinement produit un tassement presque toujours salutaire. — Ils ajoutent que l'exercice étant indispensable aux élèves et aux mères, proscrire leur présence dans les bois, ce serait perpétuer le système si vicieux des jachères.

Avant de stipuler cette clause, le propriétaire devra donc se rendre bien compte de ce qu'exige l'état présent de ses bois, et définir clairement ses réserves ou ses tolérances, de telle sorte que le colon puisse profiter pour ses bestiaux de tous les usages qui ne compromettraient pas la conservation ou la croissance des bois.

Art. 14. Ils cultiveront, laboureront, fumeront et ensemenceront les terres en temps et saisons convenables en suivant l'assolement qui va être déterminé ; et ils auront soin de les purger des ronces, des épines et des autres plantes nuisibles, et de ménager partout où besoin sera des rigoles d'écoulement.

Art. 15. Ils tiendront les prés naturels et artificiels toujours nets et en bon état de fauche, sans y amonceler les pierres, ni les laisser envahir par des rejetons parasites, ni par les fourmilières et taupinières.

Art. 16. Ils utiliseront pour les irrigations, partout où besoin sera et partout où ce résultat pourra être obtenu à l'aide de simples rigoles, les eaux courantes et les eaux pluviales. Si des travaux plus considérables de conduite ou d'endiguement étaient nécessaires, ils seront à la charge du bailleur.

Art. 17. La bonne exploitation du domaine exigeant   hectares de prairies permanentes, cette étendue sera complétée en   années aux frais de   (10). Cette contenance sera maintenue par les preneurs pendant toute la durée du bail, et il n'en pourra être défriché que lorsqu'une étendue équivalente de terres arables aura été convertie en prairie de bon rapport.

Art. 18. L'assolement adopté pour l'exploitation du domaine sera le suivant :

. . . .

. . . . (11).

Art. 19. Cet assolement pourra être modifié d'un commun accord. Si le nouvel assolement devait imposer au colon des dépenses telles que ses bénéfices en fussent diminués, le bailleur participera à ces dépenses dans une proportion convenue à l'avance

---

(10) Si le bail est avantageux au colon, il pourra être chargé de cette dépense : sinon, le propriétaire devra la faire, car le succès de l'exploitation en dépend. — Si l'étendue des prairies est suffisante, on se bornera à insérer la clause conservatoire.

(11) On comprend que nous ne pouvons pas indiquer ici d'assolement ; il dépendra des circonstances locales.

Il sera certainement très-difficile, dans les contrées encore arriérées, de faire adopter tout d'abord au colon un assolement perfectionné. On ne devra donc exiger de lui que le possible, et il faudra se résoudre à ne progresser que graduellement. L'article suivant permettra d'atteindre sûrement le but.

Si l'on en était réduit à subir en commençant un assolement vicieux usité dans le pays, on pourrait toujours l'améliorer en y introduisant une plus grande proportion de prairies artificielles et quelques cultures sarclées.

et de telle sorte que la condition du preneur, au lieu d'être rendue plus mauvaise, soit améliorée dans une mesure convenable (12).

Aʀᴛ. 20. Les terres seront fumées en moyenne à raison de . mètres cubes, au moins, de fumier d'étable par hectare. S'il venait à en manquer, il sera acheté la quantité d'engrais équivalents nécessaire pour compléter l'ensemencement. Le bailleur s'engage à en faire l'avance, si besoin est, sauf à se rembourser de la moitié due par le colon à la récolte.

Aʀᴛ. 21. Les semences de toute nature seront fournies par moitié la première année; elles seront prélevées avant partage les années suivantes. L'excédant sera partagé après les semailles, de même qu'il en sera acheté à frais communs en cas d'insuffisance.

Aʀᴛ. 22. Il sera marné annuellement hectares de terres. L'extraction de la marne sera faite aux frais du bailleur ; elle sera transportée et étendue sur le terrain par les preneurs et à leurs frais (13).

Aʀᴛ. 23. Il sera chaulé annuellement hectares de terres. La chaux sera payée par moitié. Le bailleur s'oblige à en faire l'avance, si besoin est, sauf à se rembourser à la récolte.

Aʀᴛ. 24. Il sera plâtré annuellement hectares de prairies, vesces, etc.; le plâtre sera acheté à frais communs. Le bailleur s'oblige à en faire l'avance, si besoin est, sauf à se rembourser de la portion due par les preneurs à la récolte (14).

Aʀᴛ. 25. Drainage (15).

---

(12) Les articles 18 et 19 pourraient être remplacés par la clause suivante :

« Le bailleur se réserve expressément le droit de diriger la culture; mais s'il la rendait plus onéreuse, il serait tenu de participer au surcroît de dépense, de telle sorte que le bénéfice net du colon, calculé sur la moyenne des années précédentes, ne fût pas diminué. »

(13) Si la marne ne se trouve pas sur le domaine, et si les frais d'extraction ou de transport sont élevés, il y aura lieu d'établir ici d'autres conditions.

(14) Les articles 22, 23 et 24 devront être nécessairement modifiés ou supprimés suivant les circonstances locales; de même qu'il pourra en être inséré d'analogues en cas d'application d'autres espèces d'amendements.

(15) S'il y a des terres à drainer, il y aura lieu d'établir ici une clause spéciale détaillée. On comprend qu'une amélioration de cette nature doit être entreprise aux frais du propriétaire pour la plus grande partie. Cependant, le colon devant aussi en profiter en proportion de la longueur de son bail, il est juste qu'il y contribue dans une certaine mesure.

Ici, tout dépendant des circonstances locales, nous ne pouvons rien préciser. Nous nous bornons donc à appeler l'attention sur cette clause possible.

Art. 26. Les preneurs s'obligent à consacrer tout leur temps à la culture du domaine, et ils s'interdisent formellement toute spéculation particulière, toute occupation étrangère à l'exploitation commune. Ils s'obligent également à se pourvoir, quand besoin sera, d'un nombre d'auxiliaires suffisant pour que chaque opération agricole soit exécutée en temps et saison convenables (16).

Art. 27. Ils ne pourront, sous aucun prétexte, employer les bestiaux à un autre usage que celui auquel ils sont destinés; il leur est interdit rigoureusement de faire aucun charroi, aucun labourage, soit pour des étrangers, soit pour eux-mêmes, sans la permission écrite du bailleur.

Art. 28. Il est fourni par le bailleur, en foins, pailles, balles, fumier et bestiaux, un cheptel dont le détail et l'estimation seront contenus dans la visite ci-annexée.

Les preneurs seront tenus de conserver ce cheptel et de le rendre à leur sortie : ils supporteront la moitié de la perte, s'il y en a, et profiteront de la moitié de l'excédant; le bailleur pourra garder tout l'excédant, en tenant compte aux preneurs de la moitié de sa valeur, suivant expertise (17).

Art. 29. En cas d'insuffisance du cheptel mort ou des récoltes, il sera pourvu à la nourriture ou à l'engraissement des bestiaux à frais communs.

Il en sera de même des frais de vétérinaire et des médicaments, à moins que la maladie ne résulte de la faute des preneurs ; en ce dernier cas, ils seraient passibles de dommages-intérêts.

Art. 30. Les produits de l'exploitation seront partagés par moitié entre le bailleur et les preneurs de la manière suivante :

(16) Cette clause suppose que le domaine aura assez d'étendue, et que son exploitation sera aménagée de telle sorte que la famille du colon puisse trouver en toute saison l'emploi de son temps. S'il en était autrement, le colonage partiaire ne serait plus utilement applicable.

(17) On peut stipuler que le colon fournira la moitié du cheptel vif. Mais, dans l'intérêt du progrès agricole, nous pensons que le propriétaire fera plus sagement de faire à lui seul cette avance, à la condition d'obtenir du colon qu'il entrera plus résolûment et plus efficacement dans la voie des améliorations culturales. A mesure que ces améliorations se réaliseront, la nécessité d'augmenter le cheptel se fera sentir, et le colon y contribuera alors volontiers pour sa part. Le capital d'exploitation de nos colons n'est jamais suffisant : ce serait le restreindre encore que d'exiger d'eux qu'ils en employassent une partie en acquisition de bestiaux. C'est une garantie pour le propriétaire, sans doute; mais la garantie est bien meilleure encore quand on peut les déterminer à confier ce capital au sol lui-même.

Les grains et graines seront partagés dans l'aire à battre, les semences prélevées.

Les fruits arbrins seront partagés après récolte aux époques déterminées par leur maturité, ou après leur dessiccation pour ceux qu'on a l'habitude d'utiliser de cette manière.

Les lins et chanvres seront partagés après le brayage ;

Les laines après le lavage.

Quant aux légumes verts, racines, tubercules, pailles et fourrages, ils seront consommés dans l'exploitation ; il n'y aura donc lieu a partage qu'autant qu'il resterait un excédant qui n'aurait pas été utilisé : cet excédant serait vendu et le prix en serait partagé par moitié. — Mais il ne pourra jamais être vendu de racines, légumes, tubercules, foins, pailles, fourrages et fumiers, même à titre de profits communs et sous bénéfice de partage, sans le consentement écrit du bailleur, qui pourra toujours exiger que ces produits soient consommés dans l'exploitation pour la plus grande utilité commune (18).

Art. 31 Les preneurs seront tenus de prévenir le bailleur toutes

(18) Cet article ne fait mention que des produits les plus usuels. On y fera entrer ceux qui seraient spéciaux à la contrée où sera situé le domaine.

Les fruits arbrins ne sont pas, en général, d'une grande importance chez nous ; mais ils pourraient être considérables, sans nuire aux autres produits, si l'on mettait plus de soin à planter les berges des fossés, les vergers, les bordures, etc. Les propriétaires ne devraient pas négliger cette source de revenu.

Le colon doit livrer la laine blanche. Cependant, si elle n'avait pas de valeur au moment de la tonte, et si le propriétaire voulait la conserver à l'année suivante, il vaudrait mieux ne pas la laver, parce qu'elle se conserve mieux en suin.

Le mode de partage indiqué pour les légumes verts, les racines, tubercules, etc., est très-essentiel à conserver, parce qu'il est de nature à encourager leur culture. Dans ce système, le colon est plus favorisé, semble-t-il, que le propriétaire, puisqu'il prélève non-seulement la consommation des bestiaux, mais encore celle de sa famille ; il sera donc fortement incité à ce genre de culture. Le bailleur y trouvera aussi son avantage, tant à cause de l'amélioration du sol, que parce que les bestiaux en seront mieux nourris ; il n'y a pas, d'ailleurs, d'abus à redouter ici. — Si au contraire le partage avait lieu en nature, le colon produirait le moins possible, à cause des frais de culture ; et il vendrait en nature le plus qu'il pourrait afin de rentrer plus tôt dans ses déboursés. La culture s'en trouverait donc mal, puisque le sol recevrait moins de façons et moins d'engrais.

Il faut que le bailleur soit bien convaincu qu'il ne saurait trop favoriser la culture et la consommation des plantes sarclées.

les fois que quelque produit sera en état d'être partagé : le partage aura lieu en sa présence ou en présence de son fondé de pouvoirs.

Art. 32. La part et portion du bailleur sera déposée, nette et marchande, dans les bâtiments qu'il s'est réservé. Il pourra exiger qu'elle soit voiturée par les preneurs à une distance qui ne pourra excéder dix kilomètres.

Art. 33. Les preneurs ne pourront disposer d'aucun des animaux composant le cheptel sans le consentement du bailleur, à peine de suite et de dommages et intérêts. Lorsque la vente de quelques animaux aura été résolue, elle aura lieu en présence du bailleur et de son consentement : il en touchera le prix, en fera le remploi et restera dépositaire du boni, s'il en existe. Le décompte des profits de cette nature se fera chaque année au 29 septembre (19).

Art. 34. Les preneurs ne pourront tondre aucune bête à laine avant le temps de la maturité de la toison. Ils devront prévenir d'avance le bailleur, pour qu'il puisse s'assurer de l'intégrité et de la maturité de la laine.

Art. 35. Les preneurs pourront se servir pour leur usage personnel du lait de deux vaches élevantes concurremment avec leurs veaux et de manière à ne pas nuire à leur croissance, à moins que le bailleur n'aime mieux les autoriser à avoir pour leur service une vache laitière. Dans ce cas-là, le veau serait vendu au profit du bailleur à l'âge de six semaines.

Art. 36. Le produit des volailles appartiendra exclusivement aux preneurs; mais pour rédimer le bailleur de sa part et portion, il lui sera livré au 29 septembre de chaque année. . . . . . .
. . . . (20).

---

(19) Si des ventes importantes de bestiaux, donnant lieu à un boni notable, étaient faites à une époque éloignée du 29 septembre, il ne serait pas juste que le bailleur retint la part qui pourrait en revenir au colon. Cette clause devra donc nécessairement être adoucie dans la pratique. Mais il est essentiel que les rentrées de cette nature passent par les mains du bailleur, afin qu'il soit assuré que le remploi s'en fera convenablement, et pour qu'il puisse se rembourser lui-même des avances qu'il aurait été obligé de faire.

(20) Le produit des volailles ne laisse pas que d'être notable dans une exploitation bien tenue : il y a donc là une source de produits que le propriétaire ne doit pas négliger; de plus, il est très-important, dans une exploitation à colonage partiaire, qu'aucune des parties n'ait un intérêt à part : tout doit être

Art. 37. En cas de décès du bailleur ou de l'un des preneurs, le bail pourra être résilié à la demande de l'une ou de l'autre des parties, sous la condition de se prévenir dans les trois mois à partir du décès. Le résiliement n'aura son effet qu'au 29 septembre qui suivra l'expiration de l'année franche à partir du jour de sa notification (21).

Art. 38. A l'expiration du présent bail, s'il n'est pas renouvelé ou continué par tacite réconduction , les preneurs devront laisser les lieux dans l'état où ils les auront pris, état qui sera constaté par une visite à leur rentrée en jouissance.

Aucun changement ne pourra être fait pendant le cours du bail par les preneurs sans le consentement exprès et par écrit du bailleur.

Art. 39. Quel que soit le système de sciage qui soit adopté pour la moisson pendant le cours du présent bail, les blés de la dernière récolte devront être coupés aussi ras de terre que possible, à peine de dommages-intérêts à payer par les preneurs, tant pour la perte de paille qui pourrait en résulter, que pour le préjudice qu'en éprouverait la récolte suivante, et à cause des frais que pourrait occasionner l'extraction du chaume.

Art. 40. Le bailleur aura le droit, dans le cours de la dernière année du présent bail , de faire semer des semences de prairies , soit sur les grains de printemps, soit sur les grains d'hi-

commun. Le bailleur devra donc tenir, autant qu'il le pourra, à ce que son droit de partage s'exerce aussi sur le produit des volailles.

Cependant, les colons de nos contrées ont une répugnance telle à accepter cette clause que nous n'avons pas osé l'insérer dans ce modèle de bail. En ajoutant à l'article 36 les restrictions dont les circonstances locales révèleront la nécessité et la possibilité, on diminuera les inconvénients qui résulteront de l'éducation des volailles abandonnée au colon.

Le mieux sera certainement ou qu'elle se fasse en commun, ou qu'elle soit interdite.

(21) Le colonage partiaire est basé surtout sur des considérations toutes personnelles et sur une mutuelle entente. La mort d'une des parties peut donc apporter à la conduite de l'exploitation des modifications telles que cette exploitation cesse d'être avantageuse aux preneurs ou au bailleur et même à la fois à l'un et aux autres. Il est donc sage et juste de se réserver réciproquement le droit de rompre le contrat, si venaient à changer les circonstances qui ont surtout motivé sa conclusion. Mais il est nécessaire que cette résolution ne soit pas brusque, et qu'il soit stipulé un délai suffisant pour que le bailleur puisse réorganiser l'exploitation, et pour que les preneurs aient le temps de se pourvoir.

ver, sans que les preneurs puissent réclamer aucune indemnité.

Art. 41. Cautions et hypothèques (22).

Art. 42. Election de domicile.

Nous n'offrons pas ce modèle de bail à colonage partiaire comme un type qui puisse répondre à toutes les situations ; loin de là. La nature du domaine affermé et les circonstances locales pourront exiger des clauses que nous n'avons pas prévues, de même qu'elles pourraient rendre inadmissibles plusieurs des conditions que nous avons établies. Mais ce modèle nous a paru répondre dans son ensemble à la bonne direction du colonage partiaire tel qu'il peut être appliqué chez nous.

Cependant, l'influence des habitudes vicieuses est telle qu'il ne faut pas s'attendre à le voir accepter du premier abord par tous les colons. Nous croyons, au contraire, que plusieurs de ses prescriptions seront vivement discutées. Un propriétaire intelligent et désireux du progrès, devra donc le modifier de telle sorte qu'en faisant quelques concessions aux préjugés et même aux intérêts du cultivateur, il assure au moins l'amélioration progressive de la culture.

Quelle que soit la rédaction adoptée pour le bail, ses conditions essentielles doivent être celles-ci :

1° Que les exigences de la justice distributive soient bien observées ;

2° Que les parties ne se constituent pas des intérêts rivaux ou opposés à l'intérêt commun ;

3° Que le propriétaire puisse toujours exercer son initiative pour le progrès agricole, sans que les intérêts du colon aient à en souffrir.

Le modèle que nous présentons ici n'est lui-même, du reste, qu'un moyen de transition : car si le colonage partiaire était bien compris et par le colon et par le propriétaire, ce serait par un véritable *acte de société* qu'il faudrait le constituer.

Emm. de Curzon.

(22) Dans le bail à colonage partiaire, la nécessité des cautions et hypothèques est beaucoup moins pressante, puisqu'il n'y a pas de prix de ferme à garantir. Il n'en sera pas moins prudent de prendre des sûretés de cette nature quand cela sera possible. Mais ici la meilleure garantie sera toujours l'intelligence et la probité du colon ; aucune caution, aucune hypothèque n'en saurait tenir lieu.

9 782013 271615